Amours sous les Armes Secrètes d'Hitler

Franz Josef Burghardt

Daniela Topp-Burghardt

Amours
sous les
Armes Secrètes d'Hitler

Les agents du contre-espionnage allemand
pour la sécurité des armes-V
et leurs amies françaises
dans le Nord de la France 1943/44

Traduction d'un manuscrit allemand inédit par Marie-Louise Möller

© 2021, Franz Josef Burghardt et Daniela Topp-Burghardt

Édition : BoD – Books on Demand,
12/14 rond-point des Champs-Élysées, 75008 Paris.

Impression : BoD - Books on Demand, Norderstedt, Allemagne

ISBN: 9782322379668

Dépôt légal : août 2021

À Wilfried et Roger

"J'ai appris l'histoire de la France deux fois, d'abord à l'école, puis une fois de plus et de manière très différente dans les archives".
Un archiviste français en 2010

Préface

Ils ne se battent pas dans le sang, ni avec des fusils et des chars. Leur arme la plus fiable est la confiance de leurs adversaires, qu'ils ont obtenu par ruse, grâce à un fin tissu de mensonges. Ce sont des acteurs qui exploitent les faiblesses humaines de leurs adversaires.

Ce sont les espions, les petits informateurs, les collaborateurs dans les bars et les maisons closes, les agents de profession honnête, les chefs d'agents appelés aussi résidents avec leurs sens de l'organisation et les Officiers de Renseignement qui analysent, en leur bureau, toutes les nouvelles que leur fournissent les informateurs, les agents et les résidents, puis qui envoient leur Police Secrète pour arrêter les victimes sans méfiance. Des messages, de préférence sur tout et sur tous - stockés dans des boîtes à fiches dans le passé, aujourd'hui mille fois affinés par la collecte de données digitales sur Internet et dans des bases de données commerciales - c'est le matériel de travail des Services Secrets, des "Agences de Renseignements". En Angleterre, on parle de "Intelligence Service", en France de "Service de Renseignements". CIA, KGB, MI5, Mossad, BND, ce ne sont là que quelques exemples parmi tant d'autres.

A l'époque, comme aujourd'hui, les Services Secrets sont l'arme la plus dangereuse de toutes les nations, qu'il s'agisse de dictatures, de monarchies ou de démocraties. Ils frappent secrètement pour défendre les intérêts des élites dirigeantes, que ce soit par le sabotage, les faux rapports ou l'incitation au changement de régime. Les membres des Services Secrets ne sont soumis à aucune Loi. Ils travaillent en dehors de la Loi et sont couverts par leurs mandants - les éminences grises dans l'arrière-chambre du pouvoir. Ils ont de faux passeports et beaucoup d'argent, mais ils vivent en permanence dans le danger d'être reconnus, d'aller en prison ou d'être assassinés. Mais l'adversaire respectif connaît aussi ce "jeu", auquel il tente de résister par le contre-espionnage. Les espions ennemis doivent être traqués et éliminés.

Les Services Secrets allemands le savaient aussi pendant la Seconde Guerre Mondiale, lorsque les ingénieurs Fieseler et von Braun ont mis au point des armes d'un type totalement nouveau : les bombes aériennes et les fusées. Ils devaient détruire Londres et d'autres villes britanniques sans aucune considération pour les victimes civiles, et ce, en représailles aux bombardements des villes allemandes par l'Aviation Royale britannique (Royal Air Force). La protection par le Service Secret sur ces armes à longue portée, de technologie militaire révolutionnaire, était donc une priorité absolue lors de la production, du transport dans le Nord de la France, et plus tard, dans les zones opérationnelles de l'Ouest de l'Allemagne et des Pays-Bas.

Même s'il semble en être autrement, les espions ne sont pas des machines insensibles, ce ne sont pas des drones. Pour leur mission, ils doivent être particulièrement conscients de leurs propres faiblesses humaines ainsi que de celles de leurs collaborateurs et de leurs adversaires. Ils connaissent l'avidité pour l'argent, le sexe et le pouvoir, pour une vie libre et sans attache, mais aussi pour l'amour et la sécurité.

Examinons quelques figures de ce contre-espionnage, avec l'aide duquel l'armée du Reich allemand, le Commandement supérieur de la Wehrmacht (OKW) et les SS ont essayé de protéger leurs armes de représailles VI et V2 dans la zone d'opérations, contre les espions alliés. Ce contre-espionnage allemand, y compris ses nombreux collaborateurs français et belges, a apparemment très bien fait son "travail" car, jusqu'à la fin de la guerre, les puissances victorieuses alliées ne savaient presque rien de ces nouveaux types de bombes aériennes de type V1 et des fusées de type V2.

Cologne, en été 2021

Daniela Topp-Burghardt
Franz Josef Burghardt

Chapitre I

Le Nord de la France et les armes secrètes allemandes

1. V1 et V2 dans le Nord de la France

Le butin de guerre le plus précieux de l'armée américaine à la fin de la seconde guerre mondiale fut probablement les armes de type V1 et V2 trouvées en Allemagne. Elles ont constitué la base technologique de tous les missiles de croisières et fusées ultérieurs. Leur importance historique, exceptionnelle dans l'histoire militaire, est encore démontrée de manière impressionnante aujourd'hui dans les musées consacrés à la guerre des deux plus importantes puissances victorieuses, à Washington et Londres.

Imperial War Museum, London (à gauche) et National Air & Space Museum, Washington D.C.

Le développement continu du V2 par son constructeur Wernher von Braun aux Etats-Unis après 1945 jusqu'à Saturn 5, a rendu possible le premier alunissage. A partir du V1 les "*Advanced Cruise Missiles*" ont été développés aux Etats-Unis et ont été utilisés, comme l'*AGM-129* ACM par les Américains avec une technologie de camouflage (peinture basse visibilité pour la furtivité du missile) de même l'*AGM 142 Popeye* utilisé par l'armée israélienne pour des frappes militaires ciblées, par exemple en Libye, en Irak et en Syrie.

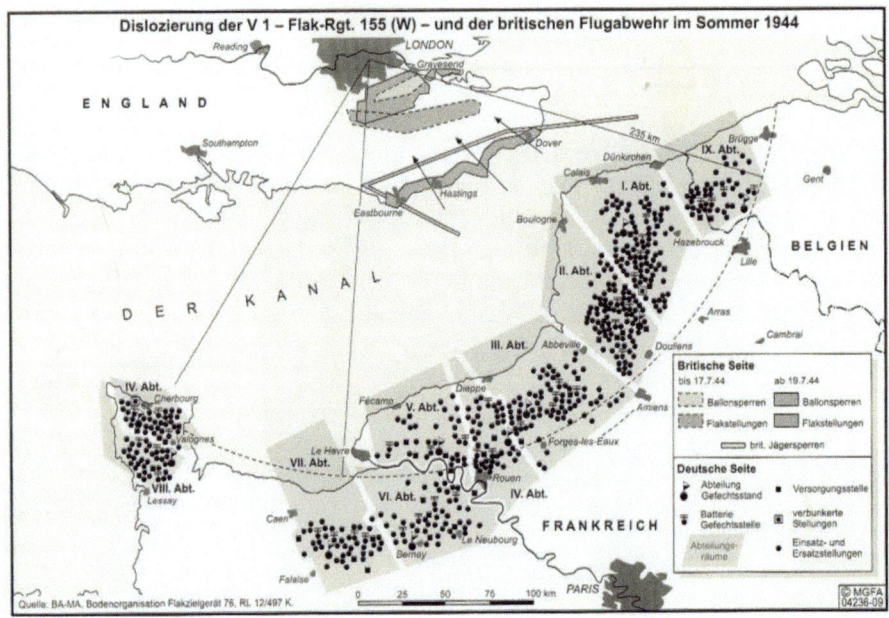

Ci-dessus: position de la rampe de lancement V1 dans le Nord de la France en été 1944. Indication: MGFI (Hg.) Le Reich allemand et la seconde guerre mondiale (bande 7, page 387) Ci-dessous: V1 sur une rampe de lancement (musée "Le Blockhaus" à Watten, Nord)

Pour la première fois les bombes volantes de type V1 (*Vergeltungswaffe 1*, arme de représailles) ont été utilisés le 12 juin 1944 et envoyés, de la côte du Nord de la France en direction de Londres ainsi qu'en direction d'autres objectifs dans le Sud de l'Angleterre. Les rampes de lancement de V1 se trouvaient en effet presque partout, près de la côte de Cherbourg à l'Ouest jusqu'à Calais à l'Est. Cependant les deux départements du Nord et du Pas-de-Calais étaient, pour le Reich allemand, d'une grande importance stratégique militaire car de là, le Sud de l'Angleterre et Londres étaient accessibles aux armes à longue distance, l'éloignement de ces objectifs étant le plus faible.

La région du Nord-Pas-de-Calais représentait également, pour le Reich allemand, une grande importance économique et géopolitique. Les riches ressources de la région Lilloise avec ses mines de charbon et son industrie textile constituaient une base économique appropriée pour une Belgique étendue à la Somme, un état satellite allemand en devenir, comme il l'était également envisagé par la propagande nationaliste flamande. Par ailleurs pour la Wehrmacht l'importance géostratégique du Nord de la France était au centre des préoccupations, tant pour la préparation d'une attaque sur l'Angleterre en 1940/1941 que pour les mesures de défense contre une invasion des forces alliées laquelle était attendue depuis le début de 1943. Importance géostratégique également pour l'utilisation de l'arme V en 1944, dont l'utilisation aurait pu permettre la destruction de Londres et favoriser ainsi l'obtention d'une paix plus favorable pour l'Allemagne. Il était donc compréhensible que, particulièrement dans le Nord et le Pas-de-Calais, on trouvait une forte densité d'aérodromes destinés à l'Armée de l'Air ainsi que des rampes de lancement pour les bombes volantes V1.

V1 sur une rampe de lancement (musée „Le Blockhaus" à Watten, département du Nord)

Les trois bunkers pour la première utilisation des fusées de type V2 sont également situés dans le Nord de la France: les bunkers, construits hors sol, à Brix, près de Cherbourg et dans la forêt d'Eperlecques („Le Blockhaus") près de Watten au Nord de St. Omer. On y trouve également le bunker construit, en grande partie sous terre, à Wizernes („La Coupole") au Sud de St. Omer. Mais le lancement d'une fusée de type V2 n'a jamais pu avoir lieu dans le Nord de la France, car si les bunkers de Brix et Eperlecques ont été rendus inutilisables par des bombardements alliés de grande envergure, des troupes canadiennes se sont rendues maître du bunker construit pour le lancement des V2 „la Coupole" près de Wizernes juste avant qu'il ne soit prêt à être utilisé.

Au dessus: un modèle du bunker de lancement de V2 dans la forêt près d'Eperlecques (modèle au musée „Le Blockhaus"). En dessous: état actuel des ruines d'Eperlecques

Le grand nombre de rampes de lancement de V1 et la situation des deux bunkers de lancement de V2 dans le Nord-Pas-de Calais ont entraîné, au cours de la guerre, et à cause des bombardements massifs de la R.A.F. britannique, des destructions toujours plus importantes et, par le biais des dommages collatéraux, de nombreux morts et blessés dans les villages et les villes de la région. Comme Raymond Dufay l'a souligné de façon impressionnante en 1990, l'Audomarois, région autour de St. Omer, a été particulièrement touché. Même après le raid aérien destructeur de la R.A.F. du 13 mai 1943, qui a fait plus de 100 morts, St Omer a été touchée à maintes reprises par des bombardements semblables, c'est pourquoi qu'Elisabeth Burnod l'a décrite dans son roman „Le miracle des violettes" (Chapitre IV) en février 1944, comme une "ville morte". Les 23000 bombes larguées sur la Coupole ont tellement frappé Wizernes que l'endroit a été complètement anéanti.

Bunker de lancement de V2 près de Wizernes (aujourd'hui le musée „La coupole").

Les temps de construction et d'exploitation des V1 et des V2 peuvent être décrits en 4 phases
- Phase 1: de juin à décembre 1943 dans le Nord de la France: construction des rampes de lancement de V1 et des bunkers pour le V2.
- Phase 2: de janvier à mai 1944 dans le Nord de la France: nouvelle construction des rampes de lancement de V1 et construction du bunker pour le V2 „ La Coupole."
- Phase 3: de juin à août 1944 dans le Nord de la France: utilisation de V1 contre l'Angleterre
- Phase 4: de novembre 1943 à avril 1945: dans l'Allemagne de l'Ouest et la Hollande: utilisation de V1 et de V2 contre des cibles en Belgique et en Angleterre, surtout contre Anvers, Liège et Londres.

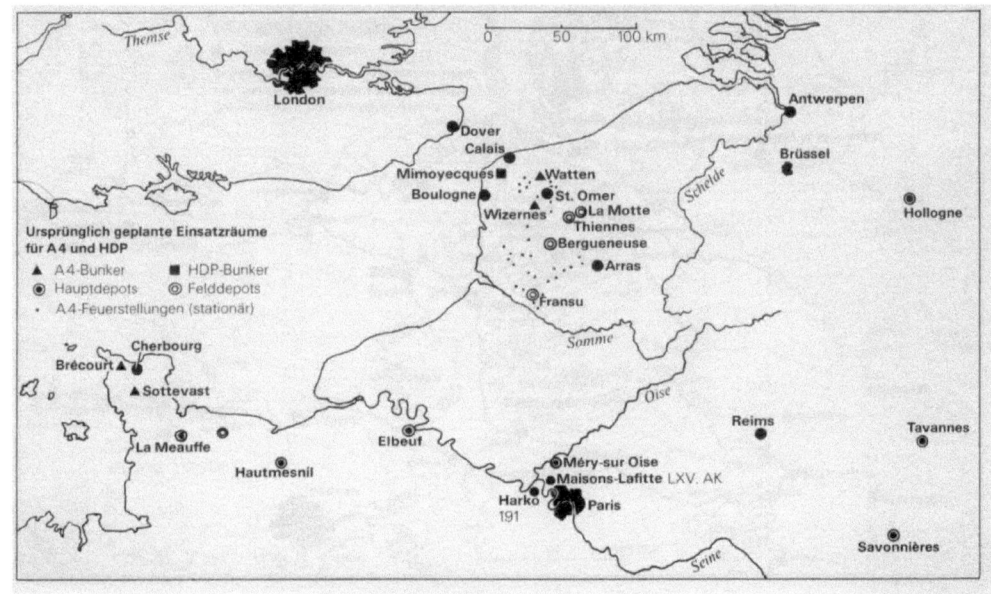
Domaine d'application du V2 (A4) 1944 (d'après Hölsken, page 224)

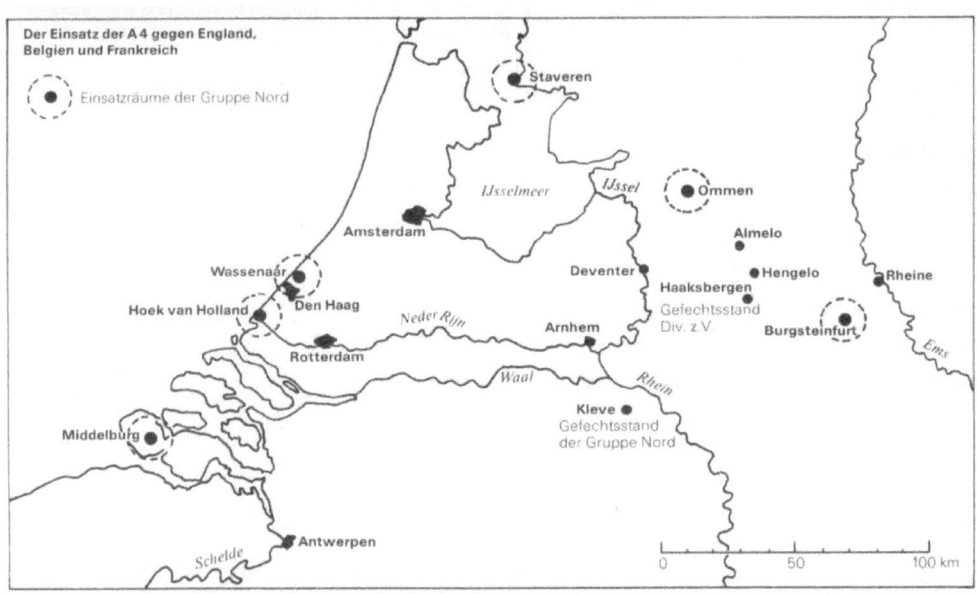
Domaine d'application prévu du V2 (A4) 1943/44 (d'après Hölsken, page 223)

2. Position spéciale des départements du Nord et du Pas-de-Calais 1940-1944

L'importance particulière du Nord de la France dans le contexte du Commandement de la guerre du Reich allemand s'exprime également dans la position administrative particulière de cette région après son occupation par la Wehrmacht. Les départements du Nord et du Pas-de-Calais n'ont pas été placés, comme le reste de la France occupée, sous l'autorité du *Militärbefehlshaber Frankreich (MBF, Commandant militaire de la France)* basé à Paris mais plutôt sous le *Militätbefehlshaber Belgien und Nordfrankreich (MBB, Commandant militaire de la Belgique et du Nord de la France)* Alexander von Falkenhausen (1878-1966) basé à Bruxelles. Un passage à travers la ligne de démarcation, fortifiée et gardée, à la frontière Sud des deux départements, la "zone rattachée" n'était possible qu'avec un laissez-passer de l'occupant, délivré par le *Sonderführer (dirigeant spécifique)* Friedrich Topp dans son bureau de la *Feldkommandantur Lille*.

Cependant, le Nord et le Pas-de-Calais, jusqu'au retrait de la Wehrmacht, n'ont pas été séparés de la France et annexés à la Belgique par un acte officiel du Gouvernement du Reich. La vieille frontière franco-belge est restée, en outre, une frontière douanière, et le Préfet Fernand Carles a pu participer régulièrement aux conférences des Préfets à Paris à partir de 1942. Ces

Siège de l'Administration militaire allemande à Lille en 1940-44: Bureau de Commandement supérieur (Oberfeldkommandantur) (OFK) à la Place du Théâtre

deux faits s'expriment dans la déclaration de Alexander von Falkenhausen du 26 juin 1940, que les deux départements devaient être traités, économiquement et administrativement comme s'ils appartenaient à la France. Néanmoins, le bureau de *Oberfeldkommandantur 670 (OFK, Commandement supérieur)* à Lille, responsable pour le Nord-Pas-de-Calais, était d'un point de vue formel, sous le commandement du *Militärverwaltungschef (chef de l'Administration militaire)* Eggert Reeder à Bruxelles, comme les autres OFK dans le domaine du MBB.

Bureau de Commandement (Feldkommandantur) (FK) boulevard de la Liberté

En outre Alexander von Falkenhausen avait transféré sa compétence législative au Commandant supérieur de Lille:
- De juin 1940 à janvier 1943 : au général Heinrich Niehoff,
- De janvier à juin 1943 : au général Wilhelm Daser
- De juin 1943 à août 1944 : au général Georg Bertram

Le nombre des bureaux de *Kreiskommandanturen* (*KK, Commandements de District*) également appelés bureaux des *Ortskommandanturen (OK, Commandement Local*) à Arras, Avesnes, Béthune, Boulogne-Desvres, Cambrai, Douai, Dunkerque-Cassel, Montreuil, St. Omer, Valenciennes sous l'ordre de la OFK 670 était exceptionnellement élevé. En outre, dans le domaine de MBB, seule l'OFK 670 avait son propre bureau de *Feldkommandantur (FK, Commandement)*. Le but suprême de tous les bureaux de Commandement était l'établissement et la préservation du calme et de l'ordre.

Pour faire prévaloir cet objectif, trois formations de police allemande étaient à leur disposition en tant que pouvoirs exécutifs, notamment la Gendarmerie (*Feldgendarmerie*) *(FK)* forte de 300 à 425 hommes, divisée en 16 Groupes dont deux étaient subordonnés à l'OFK et trois au FK. En outre le Commandant supérieur et le chef de l'Administration militaire de l'OFK pouvaient missionner, pour des sujets de défense et de sécurité, le Groupe 3 de la *Geheimen Feldpolizei (GFP, Sûreté aux Armées*) qui était en poste à Lille et se composait d'un groupe nominal de 50 hommes. Ce Groupe 3 du GFP était sous la juridiction du directeur de la GFP (*Feldpolizeidirektor)* du MBB à Bruxelles.

Pour soutenir ce Groupe 3, le Groupe 737 a été actif dans le département du Pas-de-Calais jusqu'en septembre 1943. L'OFK 670 ne possédait aucun droit d'accès sur le groupe GPF 716 en poste à Arras depuis la fin de 1943, et qui faisait partie du Commandement Général LXV AK z.b.V. (voir annexe) en tant que bras armé de ce qu'on appelait l'Abwehrstelle d'Arras.

Jusqu'en 1943, la mission de la police de sécurité dirigée par le SS (*Sicherheitspolizei/Sipo*) qui était en poste à Lille n'avait probablement qu'une importance mineure. Cela était principalement dû à la réussite de l'opposition du chef de l'Administration militaire Eggert Reeder, jusqu'au milieu de l'année 1944, à la mise en place d'un SS supérieur et d'un *chef de police (HSSPF)* à Bruxelles; entre autres, cela a également empêché un affaiblissement de la position dominante de l'OFK 670 dans le Nord de la France.

Le pouvoir exécutif du OFK 670 est souligné par le fait qu'il avait la disposition sur les formations de police, qui étaient subordonnées au chef de l'Administration Militaire de Lille. En plus du Pouvoir Législatif déjà mentionné, le chef de OFK 670 à Lille avec ses tribunaux de guerre avait également la compétence juridique de l'Administration militaire allemande dans le Nord de la France. Outre le tribunal de guerre de l'OFK, le bureau de Commandement et la Flotte Aérienne à Lille avaient leurs propres tribunaux de guerre.

En raison de la situation géostratégique exceptionnelle du Nord et du Pas-de-Calais, le Renseignement militaire était également d'une importance particulière. Il n'est donc pas surprenant que, immédiatement après l'occupation des deux départements du Nord, l'Abwehrstelle en Belgique, un bureau sous la direction de *l'Amt Ausland/Abwehr* à Berlin (voir chapitre II), avait créé deux Antennes, le *Nest Lille* et le *Nest Boulogne-sur-Mer*. Après l'abandon du plan d'attaque contre l'Angleterre, le contre-espionnage a été le point central pour découvrir les réseaux de Résistance, qui aurait pu, soit par l'espionnage soit par le manœuvre des pilotes ennemis abattus, préparer à l'avance un éventuel débarquement des Alliés. Enfin, depuis le milieu de l'année 1943 tout espionnage dans la zone d'opérations des armes V, pour le compte des Alliés, devait être empêché.

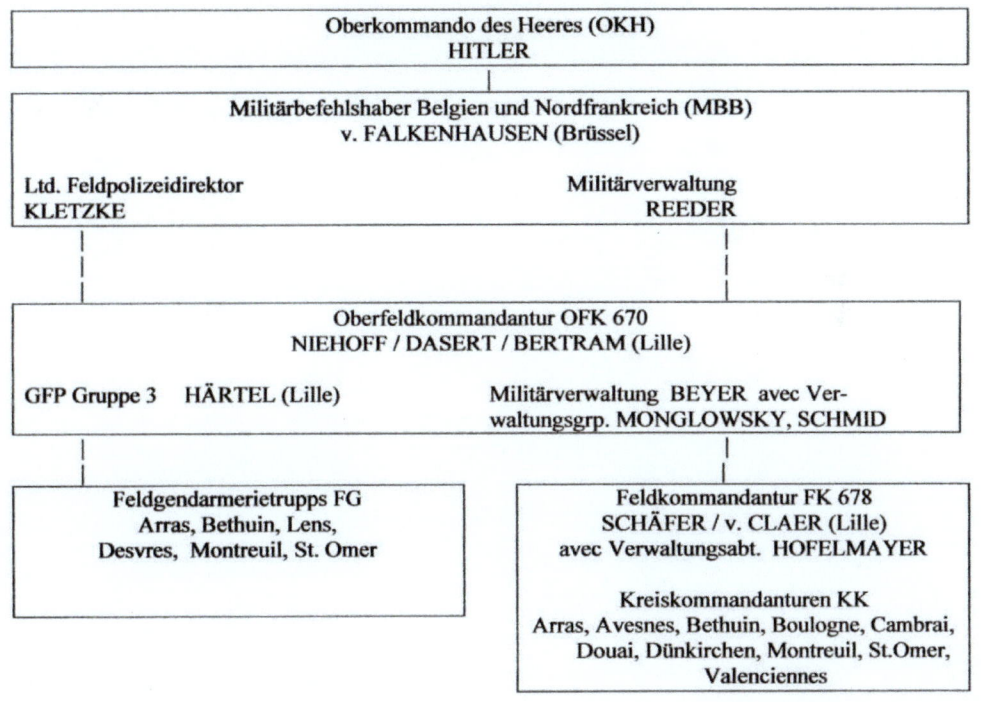

"L'asperge de Rommel", les vestiges de la ligne de défense dans le nord

Chapitre II

Le Service Secret allemand pour la Protection de l'Arme V dans la zone d'opération

1. L'Abwehr-Nebenstelle de Lille (Nest Lille)

Les vastes mesures de construction en préparation pour la mission des Armes V dans le Nord de la France étaient classées " top secrètes ". Le plus grand danger qui a été perçu par le Commandement Général chargé de l'opération en 1943 résidait dans :

- *Les espions* qui révélaient à l'Angleterre les positions des rampes de lancement de V1 et des bunkers pour V2, afin que les attaques aériennes précises des Alliés deviennent possibles,
- *Les groupes de Résistance* qui commettaient des actes de sabotage dans la zone d'opération,
- *Les réseaux d'infiltration* de la Résistance qui faisaient sortir du pays les aviateurs alliés dont les avions avaient été abattus.

D'un point de vue allemand, ce danger devait être évité par un bon contre-espionnage. Jusqu'en décembre 1943, les allemands comptaient dans le Nord et le Pas-de Calais sur les coopérateurs expérimentés depuis juin 1940, de l'*Abwehr-Nebenstelle Lille*, une division du Poste de l'*Abwehrstelle Belgien* à Bruxelles, responsable du secteur MBB.
En 1940/1941 le Chef de l'*Abwehr-Nebenstelle Lille*, appelée brièvement "Nest Lille" avec le numéro de Poste Militaire 331, était le lieutenant **Fritz Naumann**, suivi du lieutenant autrichien **Josef Höpflinger** et du Lieutenant **Hubert Pfannenstiel** de Basse-Bavière en 1943-1944. Ces Chefs de Nest n'avaient apparemment qu'une fonction exclusivement administrative car ils n'apparaissaient presque jamais, contrairement à leurs Chefs de Section, dans les actes et dans les comptes-rendus.

*Lieutenant Hubert Pfannenstiel
Chef de Nest Lille en 1943/1944*

Les coopérateurs allemands de la Nest de Lille étaient des groupes de personnes très différentes ; on y trouvait :
- *des soldats* de tout rang du Caporal au Lieutenant,
- *des agents* (principalement des Allemands vivant à l'étranger; par exemple Bruno Luig, voir Chapitre III.1),
- *des informateurs* (coopérateurs informels de l'administration et de l'économie, par exemple Friedrich Topp jusqu'au début de 1944, voir Chapitre III.3),
- *des employés de la Wehrmacht* (par exemple Louise Stiefelhagen, secrétaire du Dr. Karl Hegener, voir en-dessous).

Parmi les coopérateurs non allemands on trouvait
- *des hommes de confiance* ("les gens V", enregistrés avec un numéro P sur une liste de l'Abwehr; par exemple Ernest Boussac, voir chapitre III.2),
- *des domestiques*, comme chauffeurs, interprètes et concierges (par exemple Armand et Annie Nissen, voir chapitre III.3),
- *des indicateurs*, qui travaillaient contre rémunération ou autre avantage (par exemple Pierre Bedet et son groupe avant la formation de "L'Organisation Pi", voir chapitre III.1).

*Chef de Section III
Commandant Römmel*

La Nest de Lille (antenne de l'Abwehr) se composait en grande partie uniquement des sections suivantes pour le Contre-Espionnage:
- III C1 sous les ordres d' Ernst v. Heydebrand und der Lasa (1941-1944),
- III C2 sous les ordres du Docteur en Droit Ernst Pantell (1943-1944),
- III F sous les ordres de Rudolf Schneeweiß (1940), du Docteur en Droit Karl Hegener (de 1941 - jusqu'à la fin de 1943) et d'Otto Fischer (1944),
- III H sous les ordres de N. Schwarz (?) et de Hans Maetschke (1943),
- III L sous les ordres de Karl Reinlein (1940/1941?), d'Erwin Römmele (de 1941 jusqu'à la fin de 1943) et de Willy Leberecht (à la fin de 1943, jusqu'à août 1944),
- III Rü sous les ordres de Max Cuypers (1942) et du Docteur en Droit Friedrich Staab (1943/44).

*Chef de Section III C1
Commandant v.
Heydebrand*

Le Contre-Espionnage allemand dans le Nord de la France nov. 1943 (Extrait)

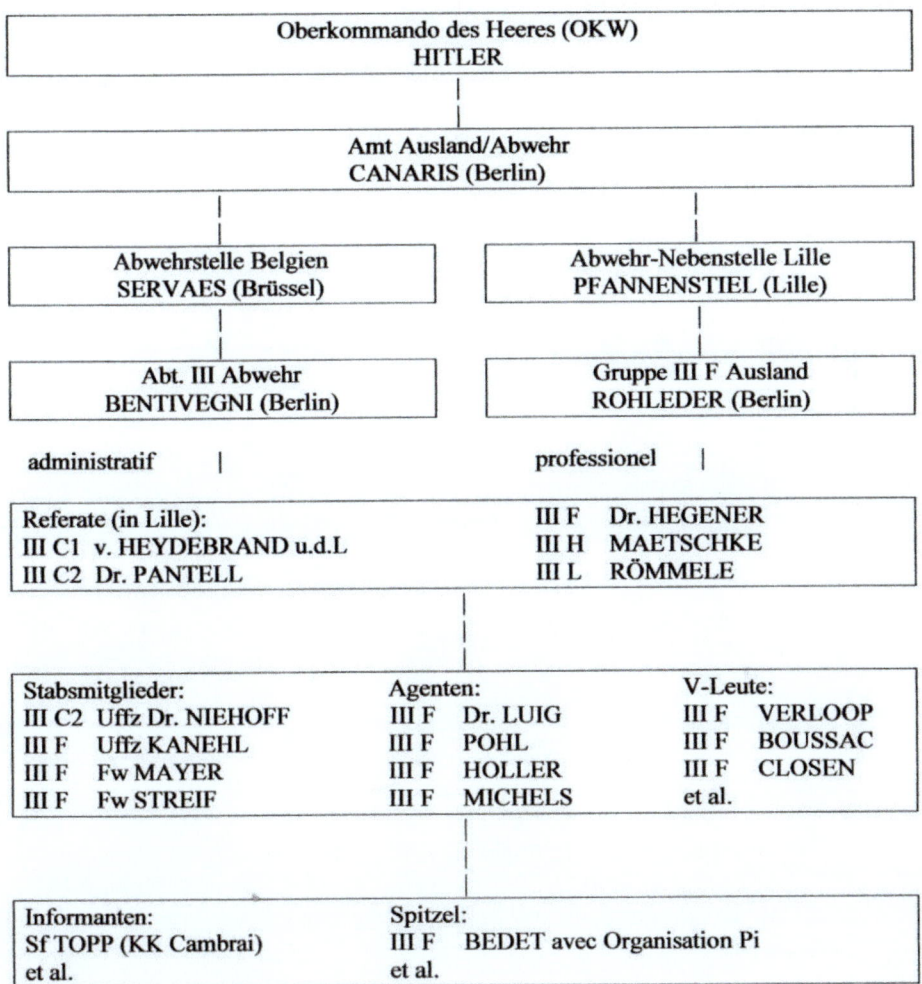

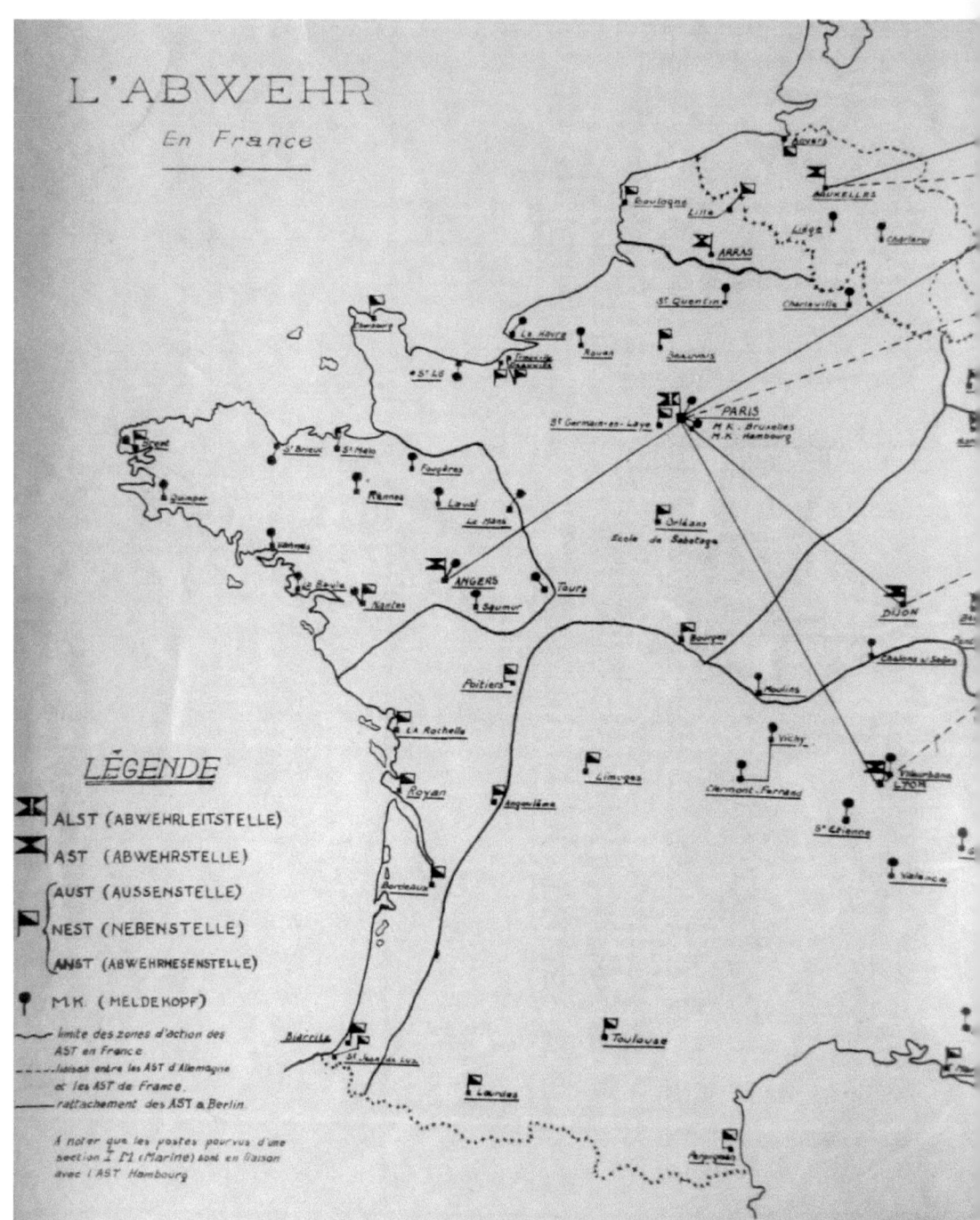

TABLEAU DES POSTES DE L'ABWEHR EN FRANCE, AVEC LEUR SPECIALISATION.

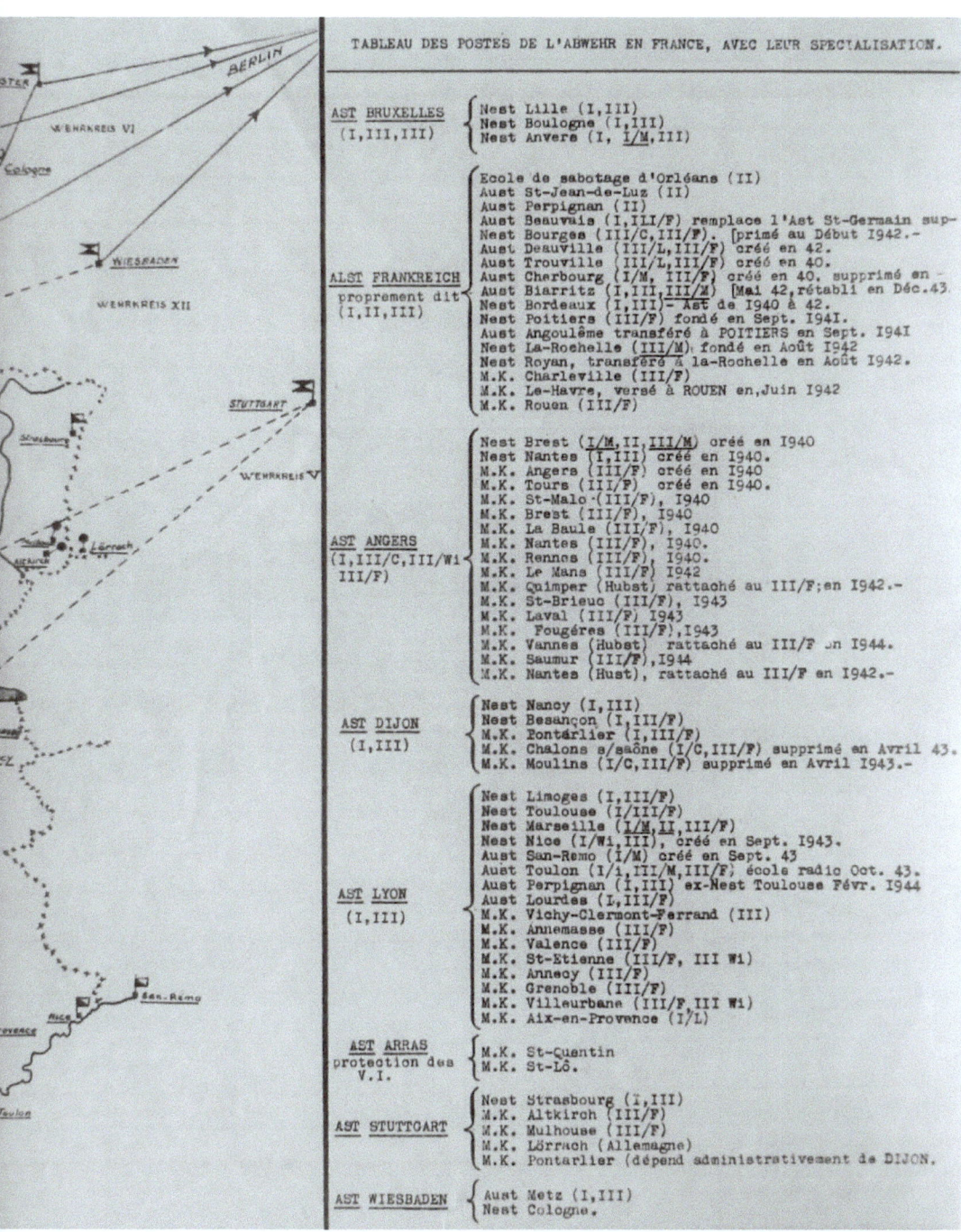

AST BRUXELLES (I,III,III)
- Nest Lille (I,III)
- Nest Boulogne (I,III)
- Nest Anvers (I, I/M,III)

ALST FRANKREICH proprement dit (I,II,III)
- Ecole de sabotage d'Orléans (II)
- Aust St-Jean-de-Luz (II)
- Aust Perpignan (II)
- Aust Beauvais (I,III/F) remplace l'Ast St-Germain sup-
- Nest Bourges (III/C,III/F) [primé au Début 1942.-
- Aust Deauville (III/L,III/F) créé en 42.
- Aust Trouville (III/L,III/F) créé en 40.
- Aust Cherbourg (I/M, III/F) créé en 40. supprimé en -
- Aust Biarritz (I,III,III/M) [Mai 42, rétabli en Déc.43.
- Nest Bordeaux (I,III)- Ast de 1940 à 42.
- Nest Poitiers (III/F) fondé en Sept. 1941.
- Aust Angoulême transféré à POITIERS en Sept. 1941
- Nest La-Rochelle (III/M) fondé en Août 1942
- Nest Royan, transféré à la-Rochelle en Août 1942.
- M.K. Charleville (III/F)
- M.K. Le-Havre, versé à ROUEN en Juin 1942
- M.K. Rouen (III/F)

AST ANGERS (I,III/C,III/Wi, III/F)
- Nest Brest (I/M,II,III/M) créé en 1940
- Nest Nantes (I,III) créé en 1940.
- M.K. Angers (III/F) créé en 1940.
- M.K. Tours (III/F) créé en 1940.
- M.K. St-Malo (III/F), 1940
- M.K. Brest (III/F), 1940
- M.K. La Baule (III/F), 1940
- M.K. Nantes (III/F), 1940.
- M.K. Rennes (III/F), 1940.
- M.K. Le Mans (III/F) 1942
- M.K. Quimper (Hubst) rattaché au III/F; en 1942.-
- M.K. St-Brieuc (III/F), 1943
- M.K. Laval (III/F) 1943
- M.K. Fougéres (III/F),1943
- M.K. Vannes (Hubst) rattaché au III/F en 1944.
- M.K. Saumur (III/F),1944
- M.K. Nantes (Hust), rattaché au III/F en 1942.-

AST DIJON (I,III)
- Nest Nancy (I,III)
- Nest Besançon (I,III/F)
- Nest Pontarlier (I,III/F)
- M.K. Chalons s/saône (I/C,III/F) supprimé en Avril 43.
- M.K. Moulins (I/C,III/F) supprimé en Avril 1943.-

AST LYON (I,III)
- Nest Limoges (I,III/F)
- Nest Toulouse (I/III/F)
- Nest Marseille (I/M,II,III/F)
- Nest Nice (I/Wi,III), créé en Sept. 1943.
- Aust San-Remo (I/M) créé en Sept. 43
- Aust Toulon (I/i,III/M,III/F) école radio Oct. 43.
- Aust Perpignan (I,III) ex-Nest Toulouse Févr. 1944
- Aust Lourdes (I,III/F)
- M.K. Vichy-Clermont-Ferrand (III)
- M.K. Annemasse (III/F)
- M.K. Valence (III/F)
- M.K. St-Etienne (III/F, III Wi)
- M.K. Annecy (III/F)
- M.K. Grenoble (III/F)
- M.K. Villeurbane (III/F,III Wi)
- M.K. Aix-en-Provence (I/L)

AST ARRAS protection des V.I.
- M.K. St-Quentin
- M.K. St-Lô.

AST STUTTGART
- Nest Strasbourg (I,III)
- M.K. Altkirch (III/F)
- M.K. Mulhouse (III/F)
- M.K. Lörrach (Allemagne)
- M.K. Pontarlier (dépend administrativement de DIJON.

AST WIESBADEN
- Aust Metz (I,III)
- Nest Cologne.

On sait très peu de chose sur le travail des Sections IIIC1, H, L et Rü. Elles apparaissent très rarement dans les actes et la littérature. Hans Maetschke (III H), gravement blessé à la guerre, était probablement principalement occupé par des cours de formation dans différentes divisons de l'Armée de Terre, ainsi que ses enfants l'ont déclaré ultérieurement. Erwin Römmele (III L) avait peu à faire et pouvait se consacrer à des activités sportives. Les exigences relatives aux sections des deux juristes le Dr. Ernst Pantell (III C2) et le Dr. Karl Hegener (III F) étaient très différentes. Leurs domaines d'activité n'étaient pas toujours clairement séparés dans la pratique. Par exemple III C2 était principalement responsable pour la divulgation des réseaux d'infiltration de la Résistance, IIIF dans ce contexte, pour l'infiltration des agents anglais ou pour les aviateurs dont les avions avaient été abattus; comme il en était de même pour le travail de IIIH, L et Rü, le bureau du Dr. Karl Hegener avait pris une position centrale à la *Nest Lille*.

Les Chefs de Section devaient recueillir et analyser les informations reçues par les agents, les informateurs, les coopérateurs informels, les amies, la police etc. sur les activités des ennemis. Ils devaient ensuite rédiger des rapports sur le sujet pour le Bureau central de l'Abwehr (*Amt Ausland/Abwehr*) situé à Berlin. A partir de mars 1942, ils ont dû également transmettre leurs rapports au SD (Service de Sécurité). Le Dr. Karl Hegener était soutenu dans son travail par plusieurs coopérateurs consciencieux: son officier d'ordonnance, le sergent Josef Kanehl, ses sergents-chefs Egon Mayer et Erwin Streif ainsi que par sa secrétaire, Louise Stiefelhagen. Par contre le Dr. Ernst Pantell ne disposait seulement que d'un sergent, le Dr. Otto Niehoff, et d'un adjudant.

4, Rue du Jardin Botanique à Lille-La Madel‹ le siège de la Section IIIF de Nest Lille

La décision de savoir si la police avait accès à des individus ou à des réseaux de la Résistance revenait au Chef de Section (*Referatsleiter*) concerné, qui devait confier cet accès à la *GFP* (Sûreté aux Armées), et plus tard au *SD-Sipo* (Police du Service de Sécurité du SS), les membres de l'Abwehr ne disposant pas de pouvoir exécutif. Que les Chefs de Section aient pu retarder l'accès, pendant une période plus ou moins longue afin d'obtenir le plus d'informations possible sur une personne ou sur un réseau, est une évidence. Les cas dans lesquels l'accès aux personnes suspectes a été délibérément et définitivement supprimé par un Chef de Section, n'ont toutefois jamais été éclaircis.

Il n'y a que des preuves peu fiables pour suggérer que le Dr. Karl Hegener ait refusé l'arrestation de l'écrivain roubaisien Maxence van der Meersch par respect pour ses œuvres littéraires ainsi que l'arrestation du très influent Carlo Schmid, probablement exigée par le *SD* (Service de Sécurité de SS)), et qui était actif au sein du bureau de Commandement Supérieur de Lille en tant qu'Administrateur de Guerre. On ignore également dans quelles mesures les petites amies françaises de membres allemands ou belges de l'Abwehr ont transmis des informations à des parents et des connaissances par le biais d'indiscrétions ciblées de la part de leurs partenaires, afin de pouvoir entrer dans la clandestinité en temps voulu.

Chef de Section IIIF Capitaine Dr. Karl Hegener

La personnalité exceptionnelle du *Nest* Lille était le juriste, Docteur en Droit, Karl Hegener, chef de la section III F. Il a incarné l'Abwehr dans le sens classique, influencé par l'Amiral Canaris, en fort contraste avec le *SD* et *Sipo* de SS. Il avait une excellente maîtrise de la langue française et il était également considéré comme un interlocuteur courtois dans les milieux de la Résistance. Qui plus est, toute forme d'arbitraire lui était étrangère. Cela ne doit cependant pas cacher le fait qu'il faisait partie d'un système d'occupation répressif et que, pendant la guerre, il était de plus en plus contraint de transmettre les informations recueillies par l'état-major de sa section à la Police de Sécurité de SS (*Sipo*), qui était connue pour ses méthodes brutales.

Karl Hegener, Docteur en Droit, est né à Duisbourg en 1894. Son père, le Docteur Wilhelm Hegener, Magistrat prussien, était avocat, notaire et propriétaire d'un cabinet d'avocats important à Duisbourg ayant des liens commerciaux avec l'Industrie Lourde dans l'ouest de la région de la Ruhr. La mère de Karl Hegener était issue d'une famille de fonctionnaire de Sauerland et elle était, selon les idiomes de l'idéologie raciale NS, un "quart juive", ce dont son fils n'aurait pas eu connaissance avant 1934. Karl Hegener a bénéficié d'une excellente éducation dans la grande bourgeoisie. Dès son enfance une Française lui a été assignée comme gouvernante, et au lieu de fréquenter l'école publique élémentaire il a fréquenté l'école préparatoire du Lycée Municipal. Après avoir obtenu son Baccalauréat au Lycée Royal il a fait des études de Droit International avec des séjours à Genève et à Oxford, études interrompues par son départ, en tant que volontaire, pour la guerre en France avec le grade de Sous-Lieutenant. En avril 1917 il a été gravement blessé par balle à l'avant-bras droit. En 1919, il a obtenu son Doctorat à Greifswald et en 1922 il est devenu associé dans le cabinet d'avocats de son père.

Suivant la tradition familiale catholique, il a rejoint le Parti Centriste en 1918 et a pris une part active aux combats de rue à Duisbourg en 1919/1920 au cours desquels son frère a été tué. Cinq ans plus tard, il est passé au Parti Populaire Allemand car il approuvait la politique de Scheidemann et il a rejoint le "Reichsbanner" démocratique "Schwarz-Rot-Gold" en 1928. Prétendument enthousiasmé par l'idée de Strasser d'une Communauté Nationale transcendant les classes sociales, il est devenu membre du Parti National-Socialiste (NSDAP). Il y a été engagé comme conseiller juridique gratuit et a participé, en 1933, à un autodafé de symboles démocratiques au Tribunal Régional de Duisbourg. En 1934, il a eu une violente querelle personnelle avec le Président local de la Fédération des Avocats ''National-Socialistes'' allemands, querelle au cours de laquelle il était apparu que Karl Hegener avait dissimulé ses ancêtres juifs lorsqu'il a rejoint le Parti. Bien qu'il ait pu obtenir en février 1935, grâce à ses relations, un décret du Führer qui lui autorisait à rester dans le Parti, il fut profondément déçu, un an après la "Prise du Pouvoir" de constater que de nombreux membres incompétents du Parti aient pu accéder à des postes élevés et supérieurs. De graves conflits avec le Secrétaire d'Etat Grauert et avec le Chef de District Terboven l'ont conduit à un rejet total du Parti.

Qu'il ait été nommé Chef du contre-espionnage de la Nest de Lille à la fin de 1940 avec le grade de Capitaine était, selon lui, en raison de sa relation préalable avec l'Amiral Canaris, lequel avait également grandi à Duisbourg. Comme le prouvent des sources allemandes et françaises, lui et ses coopérateurs n'ont utilisé, exclusivement, que des méthodes non violentes dans leurs interrogatoires, contrairement au Service de Sécurité du Parti Nazi (SD). Il était également considéré comme très cultivé et il possédait une excellente connaissance de la langue et de la littérature françaises. Son intérêt pour la littérature s'exprimait également dans son activité en tant que responsable de l'Association pour la Littérature et l'Art de Duisbourg en 1934.

A la fin de 1943, Karl Hegener a été affecté à l'Ast d'Arras, nouvellement fondé, en tant que Chef du contre-espionnage III F, mais il est rapidement entré en conflit avec le Chef local Erich Heidschuch, qu'il a accusé de recourir aux méthodes de la Gestapo. Il a quitté Arras au bout de deux mois seulement et s'est retiré tout d'abord en Westphalie. Après son transfert à l'Etat-Major de la 15e Armée, il a été blessé et il a vécu la fin de la guerre à l'hôpital militaire de la ville de Bad Reichenhall où il s'est impliqué de manière significative pour la reddition sans combats de cette ville. Jusqu'à la fin de 1946, Karl Hegener s'est retrouvé dans diverses prisons et camps d'internement, puis il a été recruté, en tant que résident, à Duisbourg, par l'Organisation Gehlen, trois mois avant sa libération. Il y a travaillé comme avocat et notaire dans les Services Secrets jusqu'à la fin du mois d'août 1953. Sa longue procédure de Dénazification a pris fin en mars 1948. Il a été exonéré par la Chambre de Dénazification de Starnberg, mais la Cour de Cassation de

Munich a révoqué cette sentence en octobre 1950. Dans ses relations, Karl Hegener était considéré comme facilement enthousiaste, toujours en mouvement, parfois agité et facilement coléreux. Son apparence n'était pas très avantageuse "Fat checks generally pale but colored noticeably on exitement, periodic nervous twitch both eyelids, walked upright, looked snappy in uniform and like a bank director in civilian clothes."

Dans la lutte contre les réseaux de Résistance dans la Nest de Lille, outre le Dr. Karl Hegener, le Capitaine, Docteur en Droit, Ernst Pantell et son sergent le Docteur en droit Otto Niehoff étaient d'une grande importance. Ils étaient responsables de l'observations des groupes d'infiltrations et des membres de la Résistance, qui amenaient les aviateurs alliés dont les avions avaient été abattus ou les Agents alliés compromis, vers les frontières espagnoles par une route secrète.

Chef de la Section IIIC2 le Capitaine Dr. Ernst Pantell

Ernst Pantell, Docteur en droit, est né à Breslau en 1891 et y a étudié le droit à partir de 1910. Avant même sa participation à la Première Guerre mondiale, au cours de laquelle il a été honoré de la croix de fer II et I (EK). Il est entré dans la Fonction Publique et il est devenu Conseiller de Justice en 1928 à Breslau. Ses demandes d'avancement professionnel dans l'Administration de la Justice en 1934 et 1935 ont été rejetées car il n'était pas encore membre du Parti National Socialiste (NSDAP). Son adhésion au Parti n'a eu lieu qu'en 1937, mais sa demande d'emploi a échoué en mars 1941. Six mois plus tard il est devenu membre de l'Ast de Belgique. En 1943, au plus tard, il est devenu Chef de la Section C2 du *Nest Lille*.

Le coopérateur le plus proche d'Ernst Pantell, le sergent **Otto Niehoff, Docteur en Droit.** de Mühlheim sur la Ruhr, natif de Holstein, a obtenu son Doctorat après avoir étudié le Droit à Tübingen. Il a été, ensuite, avocat et propriétaire d'un cinéma à Mülheim sur la Ruhr. Dès mai 1933, il a rejoint le Parti National Socialiste (NSDAP) mais, il est cependant resté membre actif de l'Eglise Protestante et a fait baptiser ses enfants. En novembre 1942, il a été affecté à l'Ast de Belgique et après ses activités sous la direction d'Ernst Pantell à Lille (depuis 1943 au plus tard) il a été affecté à la troupe de l'Abwehr 362 en février 1944 (voir annexe 3).

2. L'Abwehrstelle d'Arras (Ast Arras)

Après les raids aériens dévastateurs des Alliés, à la fin de l'été et au début de l'automne 1943, sur les rampes de lancement des V1 et les bunkers V2 ainsi que sur les bâtiments de service et les lignes de chemins de fer connexes, une nouvelle Unité Militaire a été créée en novembre. Elle avait la responsabilité exclusive de l'exécution de la mission V1, sous le *Generalkommando LXV AK z.b.V.* (Commandement Général pour Missions Spéciales) du Général de Division Erich Heinemann. A côté du Régiment de la *Flak 155 (W)*, qui devait effectuer les tirs, se trouvait un Service de contre-espionnage, appelé *Ast Arras*. Cet Ast n'était pas soumis, comme la *Nest Lille*, au Bureau de l'Abwehr (*Amt Ausland/Abwehr*) à Berlin, mais directement et exclusivement soumis au Commandement Général LXV. Avec effet immédiat, toutes les questions relatives au renseignement sur les armes V devaient être signalées à l'Ast d'Arras. Pour des raisons de camouflage, à partir de février 1944, il a porté le nom de code "Artus".

Son siège a d'abord été l'Hôtel du Commerce à Arras, puis de mi-mai à fin août 1944 au "Château de Beaulieu" à Senlis *au Nord de Paris, qui n'est plus connu à ce jour*.

Arras, Hôtel de Commerce (2012)
Siège de l'Ast d'Arras de janvier à mai 1944

La zone opérationnelle de l'Ast d'Arras couvrait principalement toutes les régions de l'opération V1 sur les côtes de la Manche, de Cherbourg jusqu'à la Normandie, ainsi que sur les départements de l'Aisne, de la Somme, jusqu'aux départements du Nord et du Pas-de-Calais lesquels étaient alors séparés de France occupée. Après son retrait de France, l'Ast d'Arras a été renommée *Ast 430* dans le cadre d'une réorganisation fondamentale des responsabilités pour le déploiement des armes V. L'organe exécutif de l'Ast était le groupe 716 de la Sécurité aux Armées (*GFP*), qui était toujours basé au siège de l'Etat-Major de l'Ast à Arras jusqu'à la fin du mois de mai 1944 puis jusqu'à la fin du mois d'août 1944 à Senlis.

Le Contre-espionnage allemand dans le Nord de la France Mai 1944 (Extrait)

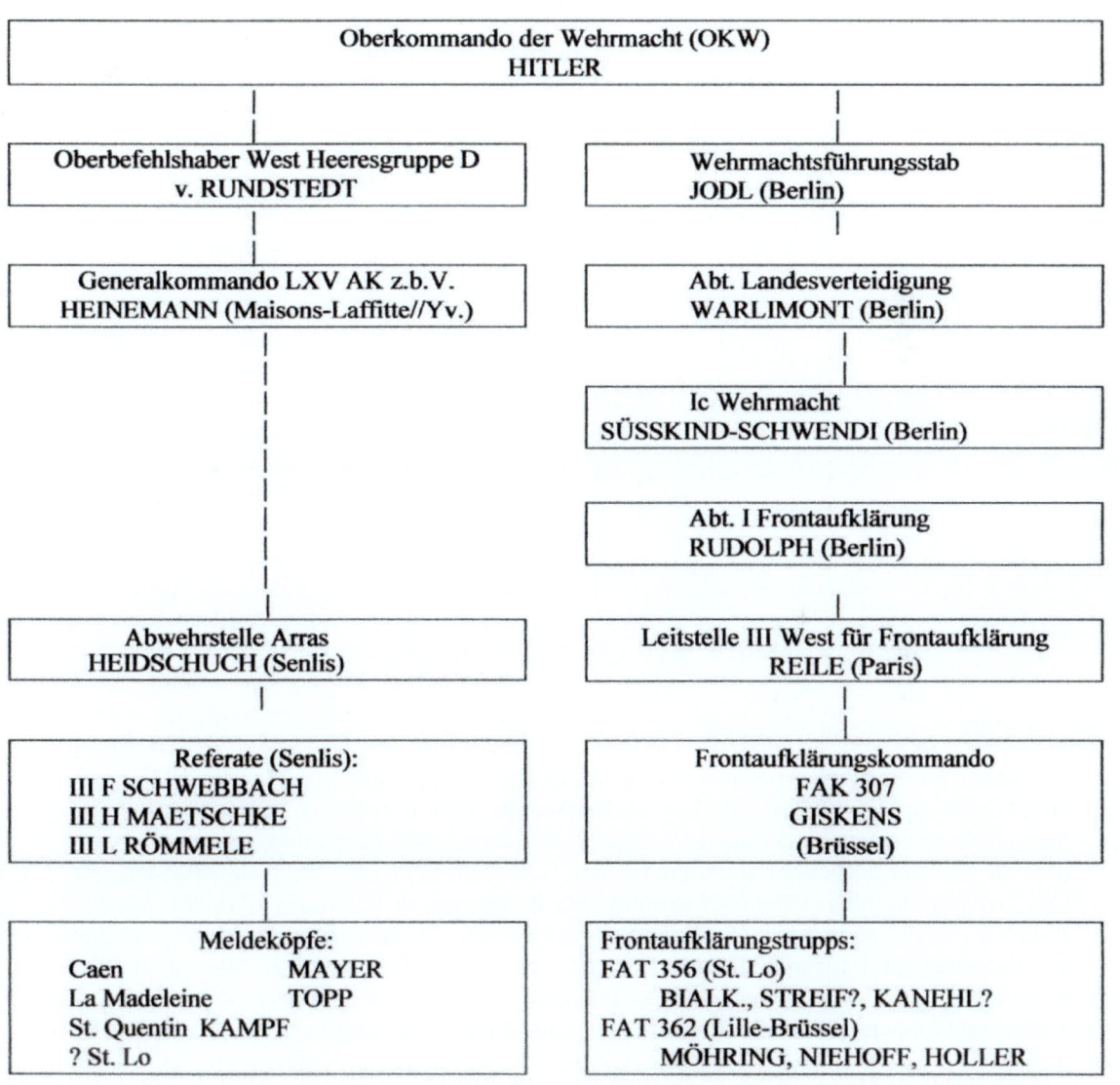

Le personnel de l'Ast d'Arras

Le chef de l'Ast d'Arras était le Lieutenant-Colonel Erich Heidschuch, un homme très expérimenté dans le Service Secret, qui avait déjà prouvé son courage lors de la Première Guerre mondiale et qui, malgré son handicap, savait s'imposer et se faire respecter.

Erich Heidschuch est né en 1895 à Wachenheim sur la route des vins. Il venait d'une des plus remarquables régions viticoles d'Allemagne. Son père a atteint une prospérité considérable en tant que propriétaire de vignobles et de Commissaire au vin, ce dont témoigne le tombeau familial de Wachenheim, décoré de quatre personnages grandeur nature. Il a terminé sa scolarité au Lycée avec le Brevet et a commencé une formation agricole, mais il s'est porté volontaire pour le service militaire, a été mobilisé et il est parti à la guerre sur le front occidental en 1914. Il est passé de simple soldat à Sous-Lieutenant en 1915. Deux ans plus tard, il a été transféré à une Division de l'Aviation qui a effectué des missions de vol en Palestine et en Syrie. Son avion a été abattu là-bas et il a perdu son bras droit. Après sa capture par les anglais et un long séjour à l'hôpital militaire il a poursuivi sa formation, mais il a dû quitter prématurément, en février 1923, l'Université Agricole d'Hohenheim après trois semestres, en raison de la forte inflation. En 1923 Erich Heidschuch est entré chez BASF à Ludwigshafen, tout d'abord en tant que "Chef du Service de la Protection des usines", ensuite au "Bureau d'Acceptation des Travailleurs" puis au "Bureau du Service de la Paye". En 1932 il est entré au Parti National-Socialiste (NSDAP). Un an plus tard il était membre de l'Etat-Major de l'étendard 17 de *SA* (Section d'Assaut) de même que son Chef aux Services Secrets. On ne sait toujours pas pourquoi une Procédure du Parti a été ouverte contre lui en juin 1935. Elle n'a pris fin qu'en 1938 avec un avertissement du plus Haut Tribunal du Parti. En tout cas, il a rejoint la Wehrmacht à peine trois mois après et il s'est installé avec sa famille en haute Bavière. En juillet 1938 le Capitaine de l'Office de la Protection Sociale Erich Heidschuch a été affecté à la Section de l'Abwehr du Commandement Général VII et il a déménagé avec sa famille à Munich. Erich Heidschuch a commencé son activité dans la Section III des bureaux de l'*Amt Ausland/Abwehr* à Berlin au début de 1939 et en avril l'Amiral Canaris avait déjà certifié ses "excellentes performances". En mai 1941 il a pris la Direction de la Nest de Biarritz, à la fin de Janvier 1942 celle de la Nest de Naples. Il a été promu Lieutenant - Colonel en avril 1942. Il n'est pas certain qu'Erich Heidschuch était Chef de la Section III de l'*Ast Italien* dont le siège était à Bolzano (Bozen), cependant, en juillet de cette même année, il a rencontré le Colonel Wachtel, le Chef du Régiment de la Flak 155 (W) formé pour la mission V1, et il a de plus en plus transféré ses activités en France.

En novembre 1943 il a pris la Direction de l'Ast d'Arras, placée sous le Commandement Général pour Missions Spéciales LXV.AK. Après le retrait de France il est resté quelques jours avec ses officiers et sergents dans la petite localité de Wiescheid près de Siegburg; sa promotion au grade de Colonel a échoué en raisons de suppositions formelles inconnues. On ignore également où et combien de temps Erich Heidschuch a été interné après la guerre. Ce n'est qu'en mars 1948 qu'il est devenu membre de l'Organisation Gehlen sous le nom de code d'Eduard Bergmann, Organisation pour laquelle il a été Chef du Bureau de la ville de Munich et du Bureau du Conseil de District (BV) 2601. En tant que Chef adjoint de la sous-association, il était responsable de la formation, de la gestion et du contrôle des Agents nouvellement recrutés. Il a quitté les Services Secrets en 1953.

Les caractéristiques intellectuelles et traits de caractère particuliers de Erich Heidschuch sont exprimés dans les évaluations officielles dont il a fait l'objet, entre autres par celles du Chef de l'Ast de Rome en 1942: "Excellent caractère. Energique, inlassable, prêt pour la responsabilité. De compréhension facile, faisant preuve d'une bonne intuition pour les conditions étrangères. De nature combattante et une nature de Chef. Un officier de l'Abwehr passionné et très efficace. Une apparence sûre et sans faille. Il dirige son service avec rigueur et soin. Très populaire auprès de ses subordonnés et de ses camarades. Très respecté par les services italiens." Et de la même région en 1943: "Une personnalité fort et distincte. Des attitudes nationales-socialistes impeccables (sic!). Des caractéristiques distinctement militaires, une nature de Chef. Ses apparitions officielles et non officielles sont irréprochables. Fait preuve d'excellentes connaissances spécialisées. Correct et amical. Une disponibilité opérationnelle illimitée à tout moment. Il accomplit parfaitement sa fonction." "De très bonne aptitudes mentales et physiques. Blessé et handicapé par la guerre (Guerre Mondiale 1914/1918). Connaissances particulières dans le service de l'Abwehr. Habileté dans les relations et le traitement des subordonnés et des coopérateurs."

Fernschreibstelle	HGRXD		*Geheim*	171

Geheime Kommandosache

Angenommen	Befördert:	
Datum: 21. 8. 1944	Datum: 22. 8. 1944	4. Ausfertigung
um: 1915 Uhr	um: 05 10 Uhr	
von: Fw.bge	an: 4444	4. Ausfertg.
durch: Günzeler	durch: (sign.)	
	Rolle:	

Vermerke: SSD — Geheime Kommandosache — Chefsache

Fernschreiben / Posttelegramm / Fernspruch von Generalkommando LXV.A.K.

21.8.44.		An SS-Gruppenführer und Gen.Lt. der Waffen-SS Dr. Ing. Kammler SS-Wv.-Hauptamt, Berlin
Abgangstag	Abgangszeit	

Vermerke für Beförderung (vom Aufgeber auszufüllen) | Bestimmungsort

Bezug: FS Nr. 1253/44 g.Kdos. - DH - 30/Dr. Ka/Sei.v.12.8.44.
Betr.: Stärke Gen.Kdo.röm. 65.A.K.

Zu o.a. Bezug meldet das Gen.Kdo. wie folgt, wobei
   a) Offz., Beamte, Uffz. u. Mannsch. in einer Zahl
   b) Kräder, Pkw., Lkw., Sd.Kfz. ebenfalls in einer Zahl
      zusammengefasst sind.
röm. 1.) Einheiten, die dem Gen.Kdo. in jeder Beziehung unterstellt
     sind:

Stab Gen.Kdo.	a) 235	b) 39
Bv.T.O.	a) 20	b) 3
Feldgen.Trupp 465	a) 22	b) 6
Abwehrstelle	a) 78	b) 40
Korps-Kartenstelle 465	a) 17	b) 3
Korps-Nachr.Abt. 465	a) 478	b) 85
Nachschub-Batl. 801	a) 760	b) 79
Versorg.Führer röm. 1 + 4 techn. Züge	a) 247	b) 31
Versorg.Führer röm. 2 + 1 techn. Vers.Batr.	a) 118	b) 16

b.w.

		a)		b)	
Nachschublager	782	a)	48	b)	4
"	813	a)	78	b)	8
"	1401	a)	134	b)	9
Harko 191 mit		a)	159	b)	46
1) Nachr.Komp. 724		a)	272	b)	68
2) Verm.Battr. 760		a)	181	b)	49
3) Feldgen.Trupp 900		a)	32	b)	16
4) Art.Erkundungsstab 839		a)	34	b)	14
5) Art.Erkundungsstab 958		a)	33	b)	12
6) Hee.Flakabt. 291		a)	774	b)	196
7) Hee.Flakabt. 294		a)	855	b)	294
Höh.Pi.Kdr. z.b.V. 4		a)	149	b)	14

röm. 2.) dem Gen.Kdo. einsatzmässig unterstellt:

	a)	b)
SS-Wehrgeologen-Abt. 500 mit SS-Beobachtungsabt.500	a) 1049	b) 141
Flieger-Rgt. 93	a) 1916	b) 81
Fallsch.Jg.Ers.u.Ausb.Rgt.1	a) 2245	b) 66
Flakgruppe Creil einschl. Wetterwarte	a) 7152	b) 717
Kol.Führer der Lw.mit 23 Kolonnen	a) 480	b) 403
7 Feldmulags der Lw.	a) 602	b) 96
7 T-Stofflager der Lw.	a) 31	b) 8
9 Transportbegleitkommandos der Lw.	a) 250	b) --
Lw.Baubatl. 14/röm.4	a) 682	b) --
Fest.Pi-Stab 35	a) 70	b) 14
Bau-Pi-Batl. 211	a) 949	b) 60
" 434	a) 898	b) 26
" 798	a) 880	b) 13
" 799	a) 1031	b) 18
" 801	a) 855	b) 14
röm.3./Sich.Rgt. 66	a) 500	b) --
röm. 1./Sich.Rgt. 193	a) 649	b) 9
Inf.Sich.Batl. 547	a) 657	b) -
" 908	a) 794	b) 18
" 959	a) 611	b) -
3./Lds.Batl.627	a) 110	b) -
Lds.Komp. 25/röm.6/485/B	a) 115	b) -
röm. 1.SS-Baubrigade	a) 1050	b)) nicht
röm. 5.SS-Baubrigade	a) 1665	b)) bekannt.

Kraftfahr-Abt.900/
Die Art.-Abt. (mot) 485 u. 836/u. Techn. Abt. sind nicht in der Meldung enthalten, da im Heimat-Kriegsgebiet.

Für die Richtigkeit:

Oberleutnant u. stellv. 01

Für das Generalkommando
Der Chef des Generalstabes
gez. Walter
Ia Nr. 665/44 g.Kdos.Chefs.

Selon les indications du Commandement Général LXV, l'Ast d'Arras comprenait en août 1944 un total de 78 personnes. Celles-ci ont été principalement réparties entre les trois sections du siège d'Arras:
- Section III F sous les ordres du capitaine Docteur en Droit Karl Hegener
- Section III H sous les ordres du capitaine Hans Maetschke
- Section III L sous les ordres du commandant Erwin Römmele

Erich Heidschuch dépendait, au départ, de la longue expérience des Chefs de Section de Lille qui avaient une connaissance approfondie des structures du Nord et du Pas-de-Calais. Karl Hegener avait donc amené ses plus proches confidents à Arras, l'adjoint Josef Kanehl et la secrétaire Louise Stiefelhagen, où en janvier, et sur l'intercession de ses coopérateurs Josef Kanehl et Egon Mayer, il a proposé avec succès le Sergent-Chef Friedrich Topp à Heidschuch pour être accepté dans l'*Ast Arras*. Contrairement à Hans Maetschke et Erwin Römmele, Karl Hegener n'a cependant pas été transféré à Arras pour des raisons officielles, mais à une troupe de reconnaissance le 1er février 1944 (voir annexe).

Apparemment Karl Hegener qui, contrairement à ses collègues, agissait pratiquement librement à Lille, n'était pas prêt à s'adapter au style de direction strict de Erich Heidschuch. Il est entré dans un violent conflit personnel avec Heidschuch et a été remplacé par le commandant Walter Schwebbach au début du mois de mars.

Walter Schwebbach est né à Greiz dans le Thuringe. Il a grandi à Francfort sur le Main où son père possédait une exploitation industrielle, dans une famille fortement influencée par la "Social-Démocratie". Son grand-père maternel y était Officier de Police Principal. Il a fréquenté l'école primaire, a été incorporé dans l'artillerie et, après la fin de la Première Guerre mondiale, il a volontairement rejoint la "protection de la Prusse Orientale" entant qu' aide volontaire de la DCA.

En septembre 1922, il a commencé sa carrière dans la police de Francfort en tant que Sous-Brigadier. En fréquentant l'école professionnelle de la Police, l'Ecole Supérieure de la Police et les cours de sport, il est devenu candidat Officier de Police. Peu après la Prise de Pouvoir, il a été promu au rang de Lieutenant et à la fin de 1935, au rang de Capitaine de la police de l'État prussien, avant d'être incorporé dans la Wehrmacht en 1936 en tant que membre de l'Etat-Major de la Division 36. Il y a travaillé comme Employé Compétent des Services Secrets IIB depuis le début de la guerre. Dans une évaluation du Genéral Lindermann le 29 janvier 1940, il est dit à propos de Walter Schwebbach: "un caractère très convenable et un camarade particulièrement apprécié, qui cependant n'a pas la dureté nécessaire pour un Officier de front. A fait ses preuves à tous égards en tant qu'Employé Compétent de la Division IIB. Sa conscience, sa diligence et sa connaissance pertinente des réglementations doivent être soulignées. Sera en mesure de faire face à toutes les tâches que l'on exige d'un Agent de bureau. Son utilisation en tant que supérieur d'une troupe n'est pas recommandée car il n'est pas assez dur pour cela. A très bien accompli sa fonction d'IIB de la Divison".

Un an plus tard cet avis d'expert a été envoyé à l'OKH qui à son tour a demandé au bureau de l'Abwehr (*Amt Ausland/Abwehr*) s'il y avait un emploi pour Walter Schwebbach. Schwebbach a été accepté et affecté, tout d'abord à l'essai, comme IIIF Employé Compétent dans le district militaire de Münster. Après une brève activité en tant que Second Officier d'ordonnance au sein de l'Etat-Major du Commandement Supérieur pour missions spéciales XXXVII et sa promotion au poste de Commandant il a été effectivement affecté en juin 1941 à la "Führer-Reserve" de l'OKH à l'AST Münster. Au début de l'année 1942, il a changé en tant que IIIF employé compétent Nest de Bordeaux, et en février 1943 il a pris la direction de la Nest de Toulouse. En mars 1944 Walter Schwebbach a pris la direction de la section IIIF de l'Ast d'Arras en tant que successeur de Karl Hegener. Avec l'Etat-Major de l'Ast d'Arras il s'est retiré à Senlis en mai et dans la zone du Reich en septembre. Après un court séjour avec presque tous les membres de l'Ast Wiescheid près de Siegburg, il a établi son nouveau quartier général dans la ville Westphalienne de Meschede, où était également basé, au château de Laer, l'Etat-Major du Régiment responsable de la mission V1. A Meschede, il a également approuvé le voyage d'Erwin Streif dans le Sud de l'Allemagne en novembre (ce qui a facilité la désertion de ce dernier) et a fait en sorte que Flore Rouxel et le couple Nissen puissent revenir de Sömmerda parmi les membres de l'Ast à Hangelo au début de l'année 1945. En mars 1945 Walter Schwebbach aurait pris la Direction d'un *FAK* (*Frontaufklärungskommando*, Commandement de reconnaissance). On ignore quand et où exactement Walter Schwebbach a été arrêté à la fin de la guerre. En tous cas il se trouvait au milieu de l'année 1946 dans un camp d'internement américain où il a été interrogé sur Christine Gorman. Sa Dénazification s'est prolongée longtemps après sa libération, car la chambre de Dénazification de Francfort soupçonnait que sa nomination, en tant que Lieutenant de Police immédiatement après la ''Prise du Pouvoir'' était due à une subvention du NSDAP (Parti National-Socialiste), bien qu'il n'ait jamais appartenu au Parti ou à l'une de ses branches. Malgré une attestation du service national de Hesse en date du 15 août 1947 - selon laquelle on a l'intention d'occuper Schwebbach à la Division Criminelle de la Gendarmerie d'Etat - l'exonération par la chambre de Dénazification n'a eu lieu qu'un an plus tard. Dans le temps qui a suivi, Walter Schwebbach est passé au service de l'état de Hesse jusqu'au Conseil supérieur du Gouvernement (*Oberregierungsrat*).

On ne sait presque rien sur les activités des Chefs de Section Erwin Römmele et Hans Maetschke qui travaillaient à Arras aux côtés de Walter Schwebbach. Schwebbach, d'autre part, était le supérieur de plusieurs Sergents qui, avec l'aide de nombreux agents et indicateurs, ont recueilli pour lui des informations sur les réseaux de Résistance dans le Nord de la France:
- Sergent-chef Friedrich Topp à Lille/La Madeleine (voir chapitre III.3)
- Sergent-chef Erwin Streif à Etraples (voir chapitre III.2)
- Lieutenant Kampf à Saint Quentin
- Un capitaine inconnu à Saint Lo.

Les activités de l'Abwehrstelle d'Arras

Déjà la mutation des Chefs de Section Karl Hegener, Hans Maetschke et Erwin Römmele de Lille à Arras suggère que les activités de l'Ast d'Arras n'ont pas commencé à un "point zéro". Cela est surtout démontré par la découverte de plusieurs réseaux de Résistance dans le Nord et le Pas-de-Calais à la fin de 1943. Par exemple en décembre 1943, Erich Heidschuch a pu s'appuyer sur le travail préliminaire de l'Abwehrstelle près de Lumbres. Déjà en septembre, Karl Hegener, par l'intermédiaire du collaborateur Ernest Boussac alias le Touquet, avait infiltré son agent Erwin Streif alias Stael, comme "faux anglais" dans le réseau de Résistance Libération. Erwin Streif y a rencontré Christine Gorman et est entré avec elle dans le réseau OCM (Organisation Civile et Militaire) dans le département du Pas-de-Calais en tant que "couple d'Agents Lefevbre" (voir chapitre III.) L'accès a eu lieu le 30 décembre sur les instructions de l'*Ast Arras* par le *GFP 716* (Sûreté aux Armées), selon les interrogatoires des personnes arrêtées à l'Hôtel du Commerce, le siège de l'Ast d'Arras.

La coopération de Friedrich Topp avec Elisabeth Burnod, décrite en détail dans le chapitre IV, était basée sur le travail préliminaire d'Erwin Streif et de Christine Gorman. Elisabeth Burnod, originaire de Suisse, était venue à Paris puis s'était rendue à Lille au début de l'année 1944, grâce à son mari Edmond Kaiser qui a, plus tard, fondé l'Organisation d'aide "Terre des hommes".
Un autre cas dans lequel l'Ast d'Arras a apparemment pu utiliser les résultats de la Nest de Lille, est la découverte d'un réseau OCM (Organisation Civile et Militaire) dans le département du Nord à la fin de 1943, grâce à la détection goniométrique d'une station radio de la Résistance. Ce groupe s'était spécialisé dans l'espionnage autour des V1 et des V2.
Comme cela a été décidé lors d'une conférence avec les Officiers supérieurs du contre-espionnage de toute la France le 2 janvier 1944 à Arras, toutes les Abwehrstellen en France ont confié les enquêtes relatives aux armes V à l'Ast d'Arras. En conséquence de nombreuses personnes qui avaient été arrêtées en France occupée ont été amenées à Arras

pour interrogatoire et jugement par le tribunal de guerre du Commandement Général LXV, comme, par exemple, ce fut le cas pour le réseau de la Résistance Cohors et du chef du OCM Tomy (Organisation Civile et Militaire).

Phases opérationnelles des Service Secrets allemand pour la protection des armes V

Selon les délais de construction et de fonctionnement des V1 et V2 mentionnés ci-dessus, l'engagement des Services Secrets allemands responsables peut également être décrit en quatre phases

- Phase 1 de juin à décembre 1943:
  Nest Lille avec M.K. Touquet
- Phase 2 de janvier à mai 1944:
  Ast Arras avec siège à Arras et plusieurs M.K. entre autres à Lille
  (et à partir d'avril à La Madeleine), à Caen (au bas mot à partir de mars)
  à Saint Quentin et à Saint Lo
- Phase 3 de juin à août 1944:
  Ast Arras avec siège à Senlis et M.K. à La Madeleine et à Paris
- Phase 4 de novembre 1944 à avril 1945 (voir Annexe):
  L'Abwehrstelle 430 pour le V1 avec siège à Meschede (Allemagne) : le SS a dirigé le contre-espionnage pour les V2 basés à Haaksbergen (Pays-Bas)

Friedrich Topp, sous-officier de l'Abwehrstelle Arras 1944, et sa coopératrice Annie Nissen (voir p. 84)

Chapitre III
Les Dirigeants d'Agents Allemands

1. EGON MAYER et l'Organisation Pi

Pourquoi **Suzanne Durou**, née à Lille en 1922 a-t-elle été condamnée à mort par contumace le 25 juin 1947 par la Cour de Justice de Douai ? Par ce qu'elle avait ouvertement, pendant des années, une relation avec son ami Egon Mayer, membre de l'Abwehr ? Ou avait-elle collaboré avec les Allemands et trahi des membres de la Résistance ?

LA VOIX DU NORD
GRAND QUOTIDIEN REGIONAL
SAMEDI 19 JUILLET 1947

Cour de Justice de Douai. D'un arrêt par contumace rendu par la Cour de Justice de Douai, le 25 juin 1947, il appert que la nommée : Durou Suzanne, née le 26 août 1922, à Lille, de Joseph et de Vandendrische Julie, sans profession, demeurant à Lille, 65, rue du Molinel, actuellement en fuite, a été condamnée à la peine de mort, à la confiscation des biens présents et à venir au profit de la nation, à la dégradation nationale ; pour intelligences avec l'ennemi, par application des articles 75, 36 à 39 du Code Pénal et de l'Ordonnance du 28 novembre 1944. - Vu au Parquet de la Cour de Justice : Le commissaire du gouvernement (signé) Besnard. Pr extr., le Greffier P. André.

Ce jugement a été confirmé par contumace car "Suzy" ainsi qu'on l'appelait généralement à Lille, était mariée à Egon Mayer depuis avril 1945 et vivait depuis avec lui dans la zone d'occupation britannique en Allemagne où la Justice française n'avait aucun droit d'accès. Comment la Justice française a-t-elle fondé son jugement ? S'agissait-il d'un meurtre à Lille en mars 1944 et d'un autre meurtre présumé, quatre mois plus tard, à Paris, au sujet duquel on rapportait que Suzanne et son futur époux Mayer auraient été en relation ?

Le premier meurtre a eu lieu le 10 mars 1944, prés de la gare de Lille. Deux jeunes hommes de la Résistance ont fait irruption dans l'appartement de la veuve Durou et l'ont abattue. Tous les deux ont été rapidement arrêtés par la Police française et condamnés. L'un des tueurs a été exécuté, l'autre aurait disparu en prison. Des rumeurs ont immédiatement éclaté dans le quartier selon lesquelles l'assassinat ne visait pas la veuve Durou mais sa fille "la belle Suzy", 21 ans. Or celle-ci vivait depuis 6 mois chez Egon Mayer au 25 de la rue des Ponts de Comines et avait rendu visite en tant que "tante Suzanne" à des proches d'Egon Mayer, en Sarre, trois semaines avant le meurtre.

A peine 3 jours après la Libération de Lille, le 2 septembre 1944, le Commissaire de la République pour la région Nord a émis un mandat d'Arrêt contre Suzanne Durou. Lorsque la police de Lille a ouvert l'enquête, les voisins du quartier de la gare se sont montrés très négatifs au sujet de Suzanne: elle n'avait pas peur de se montrer constamment en public avec "le chef de la Gestapo Mayer" (ce qu'il n'était pas), elle avait également de mauvaises manières et une mauvaise moralité. De plus elle avait été en relation avec Pierre Bedet, le chef des indicateurs français travaillant pour Mayer.

Ce n'était un secret pour personne que le café "Bar de l'Auto", tenu par la veuve Durou dans sa maison au 65 de la rue du Molinel, était un lieu de rencontre pour les soldats allemands ainsi que fréquenté par le collaborateur Pierre Bedet, très connu en ville, et son groupe d'indicateurs. Après la Libération, l'employée de la veuve Durou au "Bar de l'Auto" n'a signalé aucun acte criminel dans son témoignage pour Suzanne Durou. En tant qu'employée et confidente de la veuve Durou, elle avait certainement le meilleur aperçu de la vie de sa patronne et de sa fille et il n'y avait aucune raison pour qu'elle ne puisse pas en parler ouvertement après la mort de sa patronne et en l'absence de la fille de cette dernière.

Lors des funérailles de la veuve assassinée, Pierre Bedet est apparu avec plusieurs membres de l'Organisation Pi et ils ont présenté une grande couronne funéraire avec une boucle portant l'inscription "Pierre et ses hommes". Cette couronne avait été offerte par Pierre Bedet et son équipe d'indicateurs, lesquelles rendaient ainsi un hommage public à Mme. Durou.

Les enquêtes policières n'ont abouti à aucun résultat tangible jusqu'au début du mois de mai 1945. Une seule victime des prétendues activités secrètes de Suzanne a pu être trouvée: le négociant en gros de montres Cardon qui a déclaré que, venant de la gare, il avait laissé une valise endommagée avec 130 montres-bracelets au "Bar de l'Auto" avec le consentement de la veuve Durou. Il a été arrêté, trois jours plus tard, par la police allemande, et détenu pendant deux semaines à la prison de Loos. Après sa libération, selon ses dires, il avait retrouvé sa valise sans les montres et appris, par la police allemande, que Suzanne l'avait dénoncé.

L'acte d'accusation contre Suzanne Durou en mars 1945 était fondé uniquement sur une dénonciation présumée liée à un vol de montres extrêmement louche et à une transaction de montres également loche de montres de M. Cardon. Il n'y avait aucune preuve de la dénonciation dans les documents de la police allemande dont les registres étaient très correctement tenus. En septembre 1945, le juge d'Instruction du Tribunal de Lille a remis le dossier de Suzanne Durou au Procureur demandant qu'une décision soit enfin prise. En outre un interrogatoire d'autres témoins n'a mené à aucun résultat. Ce n'est qu'après plus d'un an, au début de 1947, que la question a été reprise, en lien avec un incident survenu en Normandie en mai 1944, juste avant le débarquement des Alliés, lorsque, sous la direction d'Egon Mayer un réseau de résistance a été démantelé et des Résistants exécutés ou déportés. A l'occasion de ce processus et des activités ultérieures de Mayer à Verdun et Paris, le nom de Suzanne Durou a continué à apparaître et il est apparu aux enquêteurs en 1947 qu'elle collaborait avec l'Allemand Egon Mayer autant que les autres espions français œuvrant au côté de Mayer.

EGON MAYER, alias "Merten" alias "Monsieur Martin" est né en 1914 à Witten sur la Ruhr où son père travaillait comme employé au service commercial d'une usine sidérurgique. En 1920, il a emménagé à Düsseldorf avec ses parents où il a passé avec succès l'équivalent du BEPC au lycée Royal Hohenzollern; il a été expressément certifié qu'il a pris part, avec beaucoup de réussite, à un groupe de travail de français. Il a fait la connaissance de Josef Kanehl pendant ses études de Droit à Cologne qu'il a dû interrompre, malgré l'excellence de son travail, pour des raisons financières, ce dont la Faculté a pris connaissance avec beaucoup de regrets. Il est entré alors comme employé dans l'entreprise OTTO WOLFF une filiale du OTTO WOLFF GROUPE qui était aussi copropriétaire de l'HALBERGHÜTTE à Brebach sur la Sarre où travaillait temporairement son père, mort en 1940, et où a habité également sa mère, durant un court moment, pendant la guerre. Après avoir été appelé sous les drapeaux, Mayer a apparemment été formé pour l'espionnage. Après la guerre un membre bien connu de

la Résistance a indiqué que Mayer était un "espion né" qui avait suivi des cours d'espionnage en Allemagne. En tous cas, en septembre 1941 il a été affecté à l'Abwehrstelle Belgien et est arrivé en tant qu' Adjudant Aspirant Officier dans le service IIIF de l'Abwehr-Nebenstelle Lille où il est resté pendant plus de 2 ans le collaborateur le plus proche de son Chef Hegener. Sa tâche la plus importante a été la prise de contact avec les nombreux collaborateurs français où il a été, avant tout, dépendant de l'agent Dr. Bruno Luig.

BRUNO LUIG alias "Franz", né à Deutz sur le Rhin en 1883, était le fils d'un homme d'affaires. Après avoir obtenu son baccalauréat au lycée d' Aix la Chapelle, il a étudié la Médecine à Fribourg en Brisgau, Berlin, Londres (durant 5 mois) et Würzburg où en 1913, et bien qu'il vivait déjà à Bruxelles, il a passé son Doctorat sur l'empoisonnement au sulfure de carbone et au benzène. La même année il a épousé Marguerite Langermarck avec qui il a emménagé à Anvers où le père de cette dernière, de noblesse suédoise, résidait en tant que Consul Général. Pendant la première guerre mondiale il a été actif en tant que médecin militaire de campagne puis s'est installé à Aix la Chapelle. Sa femme qui vivait à Anvers a été expulsée en

1919 mais, grâce à l'intercession d'un député belge et d'un ministre, le couple a pu rentrer en Belgique où Luig est devenu représentant général pour la Brasserie Union de Dortmund pour la France, la Belgique et le Luxembourg. Après son divorce en 1928 il a vécu avec une autre femme à Bruxelles-Ixelles en tant que représentant pour une entreprise d'aiguilles, de parapluies et de montres bracelets d'Aix la Chapelle. Après la déclaration de guerre des puissances occidentales au Reich allemand en 1939, Luig a été de nouveau expulsé et a séjourné pendant une courte période à Munich avant d'être affecté au service IIIF de l'Abwehr-Nebenstelle Lille en raison de ses excellentes compétences linguistiques. A Lille Luig a été également habilité à effectuer, de manière indépendante, des tâches de services secrets, en particulier il a servi de liaison entre Mayer et les indicateurs français de Pierre Bedet. En 1942 il a accompagné Mayer au Touquet et il est revenu avec lui à Lille en mars 1943 où il aurait habité chez son amie Chrétien rue du Molinel et établi le lien entre Streif et Boussac en septembre de la même année. Sa destinée suivante nous est inconnue.

Après que Mayer eut considérablement amélioré sa connaissance du français en 1942, il a pris directement le contrôle du réseau de collaborateurs français qui, jusque là, était dirigé par Luig et qui, d'après son chef **PIERRE BEDET** (à droite) était également appelée "Organisation Pi" et dont les membres étaient très bien rémunérés notamment Pierre Bedet. Et dont les membres, très bien rémunérés, notamment Pierre Bedet, et son amie **Yvette Gantiez, épouse Moine** (à gauche), sont officiellement inscrits à l'Abwehrnebenstelle de Lille. Depuis environ le milieu de l'année 1942, Egon Meyer est chargé de créer sa propre centre régional d'agents

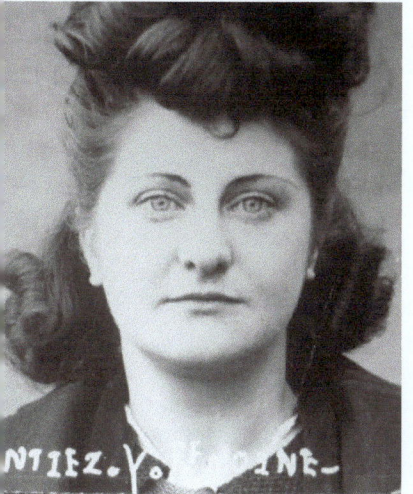

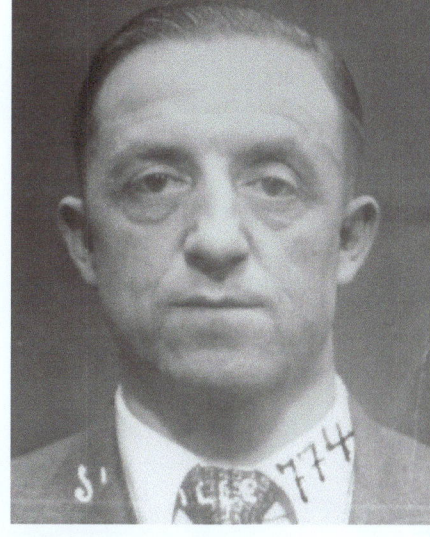

(*Meldekopf*) afin de recueillir indépendamment des informations, puis les retransmettre à son supérieur hiérarchique Karl Hegener, non pas comme Agent affecté à un Bureau, mais en tant que résident, d'abord au Touquet sur la côte de la Manche, où il est, ainsi que Bruno Luig, remplacé en mars 1943 par Erwin Streif, puis à Lille, au 25, rue des Ponts-de-Comines.

Dans le cadre de la première réorganisation de l'Abwehr dans les territoires occupés de l'ouest, Egon Mayer est affecté à la Force de Reconnaissance 350 nouvellement formée le

1er février 1944. Mais cette force est apparemment dissoute après quelques semaines en raison du départ de France de Karl Hegener. Dés lors, Egon Mayer agira d'une manière très indépendante avec l'aide de son "Organisation Pi".

Avril-Mai 1944: Séjour à Caen
En avril il déménage avec Suzanne Durou à Caen et il emménage dans un appartement avec bureau au 60, rue de Bosnières, dans une propriété qui, avec ses hauts murs et ses arbres est, encore aujourd'hui, cachée des regards. Pierre Bedet et son amie les suivent ainsi que **Jacques POLLET** (à droite) et son amie **Annie GABRIEL** (à gauche) de "l'Organisation Pi". Tous les quatre emménagent dans leur propre appartement sur le très animé boulevard Leroy. A Caen, Egon Mayer, , est surtout assisté dans son travail par Raoul Hervé, membre

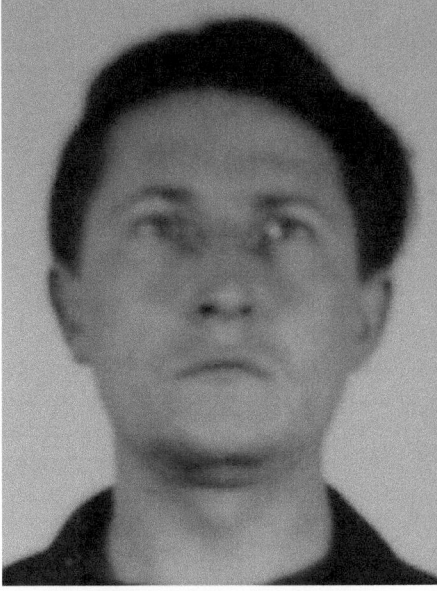

des Services Secrets français à cause de sa fonction comme chef du *Centre d'informations et de Renseignements*, lequel travaille avec l'occupation allemande. Déjà au début du mois de mai, Pierre Bedet, Jacques Pollet et Egon Mayer qui se faisait passer pour "Monsieur Martin", arrivent à infiltrer le réseau de résistance *Arc-en-Ciel*, dont l'activité était suspendue depuis de 22 mai. Outre le membre de la Résistance, Raymond Pauly, dont Pierre Bedet et Jacques Pollet avaient s'approprié la confiance, la trahison de Daniel Collard, frère du chef local *d'Arc-en-Ciel*, a contribué de manière significative au succès de l'Abwehr. Daniel Collard appartenait à un groupe autour de Raoul Hervé, qui travaillait pour les Allemands. Après de nombreuses arrestations le 6 juin, le jour du Débarquement des Alliés à proximité d'Omaha Beach, sept membres de *l'Arc-en-Ciel* sont fusillés dans la prison de Caen, nombreux d'autres se présenteront, le lendemain, pour une marche à pied vers la prison de Fresnes.

Juin 1944: Dans les usines de construction de V1 près de Lérouville en Lorraine

Egon Mayer ne se trouve plus à Caen le jour J. (D-Day) Le 3 juin il reçoit l'ordre d'enquêter afin d'éclaircir une situation suite à une trahison à "Heronville" (Lérouville) prés de Verdun, dans une usine de construction de V1. Dans ce but il part accompagné de Suzanne Durou, d'abord à Senlis, pour discuter des détails de cet ordre au bureau central de l'Abwehrstelle d'Arras. Le siège de l'Etat Major de l'Abwehr à Senlis étant ultra secret et connu seulement de quelques membres influents de l'Abwehr.

Le 6 juin sur le chemin du retour à Caen, ils rencontrent dans une station service Pierre Bedet, Yvette Gantiez, Jacques Pollet et Annie Gabriel, qui avaient appris le débarquement des Alliés et avaient décidé de suivre Egon Mayer à Senlis. Tout le groupe se rend donc à Senlis où Pierre Bedet est mandaté pour assister Egon Mayer dans son enquête à Lérouville. Après quelques courses à Senlis, Egon Mayer, Suzanne Durou, Pierre Bedet et Yvette Gantiez se rendent à Verdun dans deux voitures et Jacques Pollet et Annie Gabriel, financés par Egon Mayer, se rendent à Paris. Pierre Bedet leur ayant donné l'ordre de localiser des personnes aisées, de les dénoncer sous un prétexte quelconque, de piller leurs appartements et de collecter une somme d'argent telle qu'avec laquelle il pourrait "disparaître" en Suisse ou en France en cas de retrait allemand de France. Il ne voulait en aucun cas se rendre en Allemagne avec Egon Mayer.

A Verdun ils passent leur temps en visites touristiques et vont au cinéma. Le 15 juin Egon Mayer et Pierre Bedet se rendent brièvement à Nancy pour accomplir, parait-il, quelques formalités au Commandement du District (Kreiskommandatur). Après une première inspection de l'usine à Lérouville, Egon Mayer déclare, quelque peu en colère, que trop de travailleurs locaux sont en mesure de révéler quelque chose. N'importe qui est en mesure de découvrir la construction de V1, l'ordre était stupide. Le soir Pierre Bedet déclare confidentiellement à son amie, Yvette Gantiez, qu'il a réalisé, sans qu' Egon Mayer le remarque, un plan de l'usine de construction de V1 de Lérouville, et qu'il veut le communiquer à un Agent de l'I.S. avec lequel il est en négociation.

Puis les quatre se rendent de Verdun à Paris le 16 juin, où ils rencontrent à l'hôtel Carlys Jacques Pollet et son amie, Annie Gabriel lesquels se rendent à Verdun une semaine plus tard; la date de leur retour à Paris n'est pas connue. Fin juin Egon Mayer ouvre également un bureau au 24 de la prestigieuse rue Galilée, entre l'Arc-de-Triomphe et la Seine. Entre temps Raoul Hervé se rend de Caen à Paris avec trois de ses meilleurs indicateurs, et il réside dans une maison réquisitionnée par les Allemands.

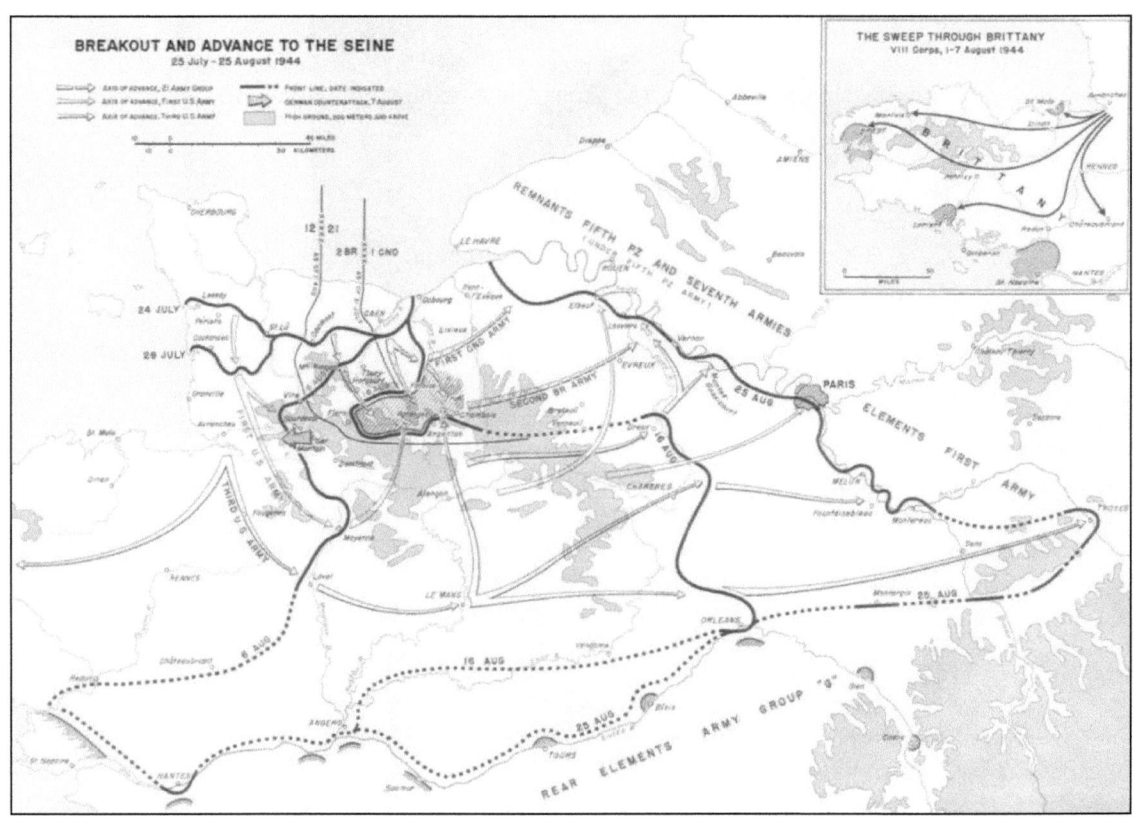

L'avancement des Alliés en France Juin-Août 1944

Juillet 1944: le meurtre supposé de Pierre Bedet à Paris

Annie Gabriel rencontre à Paris son ancien amant, l'acteur Ludovico Minchella, qu'elle croit être un homme riche. Elle place des papiers compromettants dans son appartement, qui est perquisitionné le 13 ou le 14 juillet par Egon Mayer, Pierre Bedet et Raoul Hervé. Trois ans plus tard Jacques Pollet avouera au tribunal que Pierre Bedet avait emporté des vêtements de l'appartement de Ludovico Minchella.
Le 15 juillet, Ludovico Minchella est arrêté ainsi qu'un Belge répondant au nom de Vandenberghe, qui vend du champagne à des officiers allemands et qu'Yvette Gantiez a pris pour un homme riche au hasard d'une rencontre à Verdun. Pierre Bedet et son amie établissent sur lui un rapport compromettant, affirmant qu'il travaille avec la Résistance; en réalité, Vandenberghe est un agent allemand.

Entre-temps Jaques Pollet et son amie, Annie Gabriel se rendent au GFP (Geheime Feldpolizei) où ils informent l'inspecteur Michella (sic!) des intrigues de Pierre Bedet. Plus tard, Jacques Pollet déclarera ne pas être immédiatement allé chez Egon Mayer mais au GFP car Egon Mayer ne l'aurait pas cru, Pierre Bedet jouissant notamment de *la confiance illimitée* d'Egon Mayer.

Le 17 juillet, Egon Mayer réunit Pierre Bedet, Raoul Hervé et Annie Gabriel à l'hôtel Venetia, siège du GFP; auparavant Jacques Pollet avait assuré, en référence à son serment d'allégeance à Egon Mayer, que les rapports établis par Pierre Bedet et Annie Gabriel sur Minchella et Vandenberghe étaient corrects. Pierre Bedet affirme que les affaires Minchella et Vandenberghe existent réellement. Par contre, Raoul Hervé, se rend immédiatement de la supercherie. A l'occasion d'interrogatoires individuels même Annie Gabriel et Jacques Pollet admettent également la tromperie et en informent Egon Mayer. Après cela Raoul Hervé insiste pour éliminer Pierre Bedet et, afin de convaincre Egon Mayer de la nécessité de cette exécution, il affirme que Pierre Bedet voulait l'assassiner, lui et Suzanne Durou. Jacques Pollet approuve également la nécessité de cette exécution et il est alors décidé d'un commun accord de supprimer physiquement Pierre Bedet. Le soir du 18 juillet 1944 vers 21 heures, Egon Mayer, Suzanne Durou, Raoul Hervé, Jacques Pollet et Annie Gabriel arrivent à l'hôtel Carlys, rue Fontaine, où Pierre Bedet et Yvette Gantiez veulent passer la nuit. Egon Mayer et Raoul Hervé persuadent Pierre Bedet d'aller diner en ville avec eux et Jacques Pollet. Pierre Bedet explique donc à son amie qu'il doit partir en mission et qu'il ne serait probablement pas de retour avant l'aube.

Concernant le meurtre et les funérailles qui sont censées suivre, il n'existe qu'une seule déclaration dans les dossiers conservés, et il est prouvé qu'elle a été inventée il y a plus de 35 ans.

Pendant le parcours dans la voiture d'Egon Mayer, Pierre Bedet, assis sur le siège passager avant près d'Egon Mayer, est abattu de 4 ou 5 balles sur un signal préalablement convenu par Raoul Hervé, assis à l'arrière avec Jacques Pollet. Jacques Pollet qui voulait également tirer a eu un problème avec son révolver. Le corps est immédiatement amené à l'inspecteur Michella au siège de la GFP à l'hôtel Venetia. L'inspecteur Michella conteste à Egon Mayer le droit d'une telle exécution et exige des explications concernant sa nécessité. Il a été ensuite déclaré, dans le Procès Verbal, que, soudain, Pierre Bedet avait menacé Egon Mayer avec son révolver, et qu'il avait été tué par Jacques Pollet et Raoul Hervé qui avaient réagi en état de légitime défense. Trois ans plus tard Jacques Pollet sera quelque peu évasif à propos des funérailles de Pierre Bedet; le corps aurait été enterré dans une forêt près de Paris, mais aurait ensuite été exhumé et enterré, sur ordre de Michella, dans un cimetière militaire allemand à Paris. Michella sera le seul à connaître l'emplacement de la tombe.

Ces informations de Jacques Pollet sont apparemment fausses. Comme rapporté en 1984 par Philippe Aziz dans son livre "Le livre noir de la trahison", Pierre Bedet a été abattu par des membres de la Résistance à Herblay prés de Pontoise dans la grande banlieue de Paris. L'assassinat de Pierre Bedet dans la voiture d' Egon Mayer n'était ainsi qu'une invention, une supercherie, peut-être dans le but d'infiltrer Pierre Bedet dans un Réseau de Résistance avec une nouvelle identité.

De retour à l'hôtel Carlys, Jacques Pollet se vante devant Suzanne Durou et Annie Gabriel d'avoir lui-même tiré sur Pierre Bedet en criant "Heil Hitler". Le lendemain, 19 juillet, Yvette Gantiez apprend par Jacques Pollet et Annie Gabriel que Pierre Bedet a été, prétendument, arrêté. Vers 20 heures Egon Mayer et trois personnes du GFP se rendent dans l'appartement de Pierre Bedet et arrêtent Yvette Gantiez, qui déclarera les jours suivants, lors de ses interrogatoires à la prison de Fresnes, que Pierre Bedet avait voulu assassiner Egon Mayer et qu'il avait travaillé avec la Résistance. Jacques Pollet et Annie Gabriel apprendront peu de temps après la mort de Vandenberghe, abattu par la Résistance.

Retrait de France et activité sur le territoire du Reich (Septembre 1944-Mai 1945)

Si Egon Mayer ou Raoul Hervé sont directement ou indirectement affectés, à Paris, par les événements du 20 juillet (le soulévement des généraux allemands contre Hitler à Paris) n'est pas connu comme ne l'est également pas la date à laquelle Egon Mayer et Suzanne Durou quittent Paris et si Jacques Pollet, Annie Gabriel et Yvette Gantiez sont encore avec eux.

Vraisemblablement Egon Mayer et Suzanne Durou se rendent tous deux mi-aôut à Lille, après la percée des Alliès dans le Nord de la France. Puis ils se rendent, le 1er septembre, dans le territoire du Reich via Anvers, Appeldoorn et Arnheim avec Friedrich Topp et son entourage (Flore Rouxel, Armand et Annie Nissen, Pierre Dubarry). Le 19 septembre ils atteignent le point de rencontre de l'Abwehrstelle d'Arras et plusieurs troupes de reconnaissance du front à Wiescheid prés de Siegburg. Dans le cadre de la réorganisation qui y a lieu, Egon Mayer est, tout d'abord, Dirigeant de l'Antenne (*Meldekopfführer*) à Bergneustadt, puis fin décembre il prend la place de Friedrich Topp comme Agent Secret pour la protection de la rampe de lancement de V1 située autour de la ville néerlandaise d'Almelo. Après avoir épousé Suzanne sur le territoire allemand le 1er avril 1945, il est probablement responsable, avec Friedrich Topp et Josef Kanehl, de la sécurité des Services Secrets des batteries de V2 dans la région de Burgsteinfurt jusqu'au 2 mai et où il résidera après la guerre. Les informations contenues dans les documents britanniques indiquent également que Egon Mayer était membre de l'Armée de l'Air pour lequel le V2 a toujours compté.

A la fin de la guerre il ne sera pas interné, contrairement à presque tous ses collègues. En tant qu'interprète indépendant et convoité pour sa connaissance de l'anglais et du français il travaillera pour les Administrations allemande et britannique ainsi que comme assistant personnel du "British Resident Burgsteinfurt". Il restera en contact pendant une longue période avec la famille Topp et il restera étroitement attaché à Josef Kanehl par un parrainage. La condamnation à mort de Suzanne Durou prononcée à Douai en juin 1947 n'aura pas de conséquences, la famille Mayer résidant dans la zone britannique où la Justice française n'a pas le droit d'accès et ne fait pas autorité.

La condamnation à mort de Suzanne Durou (juin 1947)

Après un examen critique de l'acte d'Accusation à l'encontre de Suzanne Durou, ainsi que le montre la présentation ci-dessus, le Procureur n'est pas en mesure de prouver concrètement quelque délit que ce soit. Bien sûr, du point de vue français, après la guerre, sa relation étroite et maritale avec le Sergent Chef allemand et Dirigeant des Agents Egon Mayer est une tache grave. Des femmes comme Suzanne Durou seront, après la Libération de la France et dans le cadre de "l'Epuration illégale" presque toujours accusées de "collaboration horizontale", et beaucoup d'entre elles seront poursuivies, leurs chevelures rasées dans les ruelles. De toutes façons la relation qu'elle entretenait avec Egon Mayer ne pouvait être, en aucun cas, une raison pour une condamnation à mort en 1947.

Les juges de la "Cour de Justice de Douai" ont fondé leur condamnation à mort ainsi que la confiscation de tous ses biens et la perte de la Nationalité française, uniquement pour son *intelligence avec l'ennemi*, à savoir *avoir, sur les territoires français et allemands, notamment à Lille, de 1940 á 1945, en tous cas postérieurement au 16 juin 1940 et antérieurement à la date de le Libération, en temps de guerre, étant française, entretenu des intelligences avec des agents de l'Allemagne, puissance étrangère, en vue de favoriser les entreprises de cette puissance contre la France ou ses Alliés, dans le but de favoriser des entreprises de toute nature de l'ennemi, en appartenant l' "Abwehr III F", service allemand de recherche des agents alliés et de pénétration dans les services spéciaux adverses, et en participant à des enquêtes concernant des Résistants dont plusieurs furent arrêtés, exécutés ou déportés.*

Si la Justice française avait été en mesure de prouver les allégations soulevées ici en 1947, cela aurait certainement été suffisant pour une condamnation à mort selon l'Avis Juridique de l'époque. De fait, il n'y avait pas de telles preuves. A maintes reprises, la police a dû reconnaître, dans ses enquêtes en 1944/1946, ne pouvoir nommer aucune victime relative aux activités de Suzanne Durou. Dans les témoignages sur les événements de Caen, Lérouville et Paris en été 1944, le nom de Suzanne Durou n'apparait seulement que d'une façon très secondaire dans le sillage d'Egon Mayer. En raison du lien très étroit entre Egon Mayer avec Pierre Bedet et son groupe d'indicateurs de l'Organisation Pi, déclarer que Suzanne Durou en faisait également partie était une conclusion précipitée. Naturellement il pouvait s'agir d'une hypothèse évidente, pour le Juge d'Instruction et le Ministère Public, que Suzanne Durou, en tant qu'amante d'Egon Mayer, avait pu livrer des informations à son entourage personnel. Mais quel genre d'information ? A Lille on savait, que Suzanne Durou était l'amie d'Egon Mayer, elle-même ne s'en cachait pas. Par conséquent quiconque avait quelque chose à voir avec la Résistance prenait ses distances avec

Suzanne ou ne parlait, en sa présence, que de choses banales.

Toutes les circonstances indiquent que Suzanne Durou était, jusqu'à son mariage début avril 1945, exclusivement l'amie d'Egon Mayer mais n'était en aucun cas employée par lui dans ses activités aux Services Secrets. Elle aimait cet homme, a publiquement montré cette affection à Lille, pendant plus de deux ans, et elle était fermement décidée à le suivre, que ce soit à Caen, à Paris et enfin en Allemagne. Durant l' été 1945, les certificats de Baptême et de Communion sont arrivés de Lille, la ville natale de Suzanne, si bien que la Cérémonie Religieuse de mariage a eu lieu le 18 novembre 1945 à Burgsteinfurt. Egon Mayer et Suzanne Durou ont vécu heureux pendant presque 40 ans jusqu'au décès d'Egon en 1982.

2. Erwin Streif et Christine Gorman

Pourquoi **Christine Gorman**, née à Lille en 1921, a-t-elle été condamnée aux travaux forcés à perpétuité ? Non pas parce qu'elle était l'amante d'un Allemand en 1940/41, ni pour sa coopération avec l'agent de l'I.S. Francis Mumm, en été 1941 sur la côte d'Azur, pour laquelle, d'après le jugement d'un tribunal français, elle avait purgé deux ans de prison. Mais pourquoi s'est elle engagée, en septembre 1943, avec Erwin Streif, un agent de l'Abwehrnebenstelle Lille: parce qu'il lui faisait croire qu'il était l'agent de l'I.S. "Marcel Stael"? Ou était-ce pour les 5000 francs qu'elle recevait mensuellement ?

Pour beaucoup on a parlé du fait que c'était par amour, son grand amour pour Erwin Streif. Le couple d'agents amoureux Streif-Gorman appartient sans aucun doute en 1943/44 aux figures les plus éblouissantes des Services Secrets du Nord de la France. Les lettres qu'ils s'écrivaient encore en 1945/46 dans la prison de Loos-en-Lille, laissent deviner à quel point la relation entre ces deux êtres était étroite.

La désertion d'Erwin Streif en décembre 1944 et sa trahison en révélant les positions de rampes de V1 établies dans le Bergischen Land à l'Est de Cologne étaient apparemment l'expression d'un grand amour pour sa partenaire des Services Secrets. A ce jour il n'est toujours pas connu si Erwin Streif avait déjà changé de camp à l'été 1944 et travaillait alors pour la Résistance, en tous cas son amie l'a cru encore pendant des années et lui a pardonné le fait qu'il lui avait menti pendant dix mois sur son identité.

Christine (franç. Christiane) Gorman
(alias Michelle Lombrez, Jaqueline Duquesnoy, Madelaine Bayard, Henriette Lefevbre) est née à Lille en 1922 d'un père anglais et d'une mère française.
Après l'entrée de la Wehrmacht en 1940 elle a été interrogée à plusieurs reprises du fait que son père était anglais et elle est entrée en contact avec "Glawon", un membre de la G.F.P. Lille, dont elle est devenue l'amante. Au début de février 1941 elle a fait la connaissance à Lille de l'agent Francis Mumme à qui elle a déclaré ne plus vouloir travailler pour les Allemands. Sur ce, Francis Mumme a exigé d'elle qu'elle coopère officiellement avec la G.F.P., afin d'obtenir des informations internes des Services Secrets allemands. Elle est ainsi devenue la collaboratrice du sous-officier de la G.F.P. "Bernard Bussow", jusqu'en mai 1941, où elle est partie en voyage à Marseille, peut-être sur commande de l'Abwehr, et où elle a, lors d'une mission navale, de nouveau rencontré Francis Mumme, qui est devenu son amant. (Francis G.K. Mumme, agent anglais).

Francis G. K. Mumme agent anglais

Quelques semaines plus tard Francis Mumme a été arrêté à Perpignan par la police française et incarcéré à la prison militaire de Montpellier, d'où il s'est échappé en septembre 1941 et a pu retourner en Angleterre en passant par l'Espagne.

Christine Gorman s'est également fait prendre par la police française, a été accusée de coopération avec une puissance ennemie (l'Angleterre!) et condamnée, le 18 décembre 1941 à Montpellier, à deux ans de prison dont elle n'a été libérée qu'en été 1943. Lors de son retour à Lille elle a fait la connaissance, dans le train Lyon-Paris, d'Edmond

Kaiser, à qui elle a raconté qu'elle travaillait pour l' I.S. - une rencontre extrêmement lourde de conséquences. A Lille elle a rencontré pour la première fois "Emile", qui depuis un an rendait régulièrement visite à la mère de Christine dont il avait gagné la confiance."Emile", qui se présentait comme un Agent de l'I.S., mais qui était, en réalité, l'Agent de l'Abwehr Ernest Boussac, a proposé à Christine de travailler également pour l' I.S. pour un traitement de base de 4000 francs. Elle a demandé un temps de réflexion et s'est de nouveau rendue à Paris ou elle a séjourné chez Edmond Kaiser.

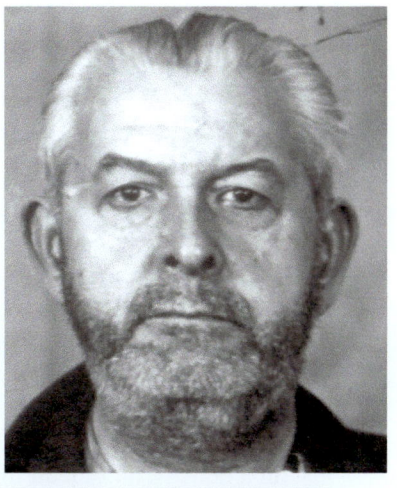

Ernest Boussac (alias Emile, le Grand et le Chatet, dans le cadre de l'Abwehr "Le Touquet") né à Tourcoing en 1887, était, avant la guerre, commissaire de police à Angers et habitait avec son épouse à la Madeleine, 26, rue Berthelot. Il prétendait être représentant d'une fabrique de parapluies d'Aix la Chapelle. A cause de son sérieux, ses bonnes manières et sa belle apparence, qui rappelait le très célèbre acteur de l'époque, Pierre Renoir, il était un interlocuteur apprécié. Le couple Boussac recevait ainsi régulièrement, déjà depuis 1941, la visite de Karl Hegener, qui arrivait avec des fleurs en compagnie de sa secrétaire Louise Stiefelhagen. Karl Hegener a très vite réussi à obtenir la participation d'Ernest Boussac pour une coopération dans les activités de l'Abwehr, où il a été enregistré avec le numéro F8206 et où, grâce à son expérience d'ancien policier, il est devenu un collaborateur particulièrement précieux pour les Allemands. En 1946, il a été condamné par le tribunal de Lille à l'emprisonnement à vie.

Ernest Boussac a appris l'adresse d'Edmond Kaiser à Paris par la mère de Christine. Karl Hegener a ensuite élaboré un plan, selon lequel sa jeune recrue l'Agent Erwin Streif, qui travaillait pour lui seulement depuis mars 1943 comme soi-disant Agent de l' I.S. sous le nom de code "Marcel Stael" serait chargée de contacter Christine Gorman. Erwin Streif avait prouvé auparavant, en été, qu'il pouvait, étant l'amant d'une jeune Francaise, travailler avec grand succès pour les Services Secrets allemands. Karl Hegener a chargé son intermédiaire le Dr. Bruno Luig alias "Franz", de mettre en contact Erwin Streif avec "Le Touquet" (Ernest Boussac). Tous les deux sont partis à Paris, où Ernest Boussac a rendu visite à Edmond Kaiser et a proposé à Christine de lui présenter son collègue "Stael". Tous les trois se sont rencontrés dans la boîte de nuit du Lido sur les Champs-Elysées, et Erwin Streif a été, comme deux mois auparavant Edmond Kaiser, fasciné par la belle jeune femme. De son côté Christine n'étant pas réticente à une liaison étroite avec "Stael" tous les deux ont passé leur première nuit ensemble dans une chambre d'hôtel. Ils étaient devenus désormais une paire d'agents inséparables.

Erwin Streif est né en 1914 dans la petite localité de Lautenbach en Forêt Noire à environ 20 km à l'est de Strasbourg. Son père est mort pendant la première guerre mondiale et sa mère, soi-disant "un quart juive" s'est remariée en 1925. Après avoir passé trois ans dans un monastère en Westerwald, séjour qui a été interrompu à plusieurs reprises en raison de maladies pulmonaire, il a fréquenté en 1926/1931 un collège qu'il a dû quitter sans diplôme, parce que son beau-père ne pouvait plus payer les frais de scolarité. Après qu'il se soit rendu coupable d'un vol de 100 marks dans une entreprise où il faisait son apprentissage, il a fui et il a pu entrer en France par l'intermédiaire du consulat français. Après un séjour de deux ans en Alsace, en Bourgogne et en Savoie et une tentative infructueuse de naturalisation, il a rejoint le service du travail allemand en 1934. Là et à cause de son apparence il a été continuellement taquiné comme "nègre" ou "juif".

En 1936/1938 il a effectué son service militaire dans la Wehrmacht, qu'il a quittée comme Caporal; ensuite il a, pendant un an à Strasbourg eu une activité d'informateur pour un certain "Baron Wolff". Après sa mobilisation il a participé comme soldat de la 34e Division d'Infanterie à l'entrée en France et a été jusqu'en avril 1943, traducteur à l'état Major de la 16e Armée à Tourcoing. De là, il a été muté à l'Abwehrnebenstelle Lille, qui lui a octroyé un bureau municipal Porte de Paris. Avec l'aide d'une jeune amie française, à qui il a prétendu être un membre de la Résistance, il a pu démanteler un réseau de passeurs sur la côte et il a reçu pour cela la EKII. -

Ernest Boussac a été ainsi le personnage décisif, qui, après un long et très patient travail préliminaire, a réuni en septembre 1943 Erwin Streif et Christine Gorman. Ainsi l' Abwehrnebenstelle de Lille avait la possibilité de contrôler, à tout moment, les activités d'Edmond Kaiser. Dés lors, par Erwin Streif, Karl Hagener a toujours eu un aperçu de l'activité du réseau de Résistance Libération établi par Edmond Kaiser à Paris dans le 19ème. Arrondissement. Cette surveillance d'Edmond Kaiser par l'Abwehr a dû être sensiblement renforcée en janvier 1944 après le lien étroit entre Elisabeth Burnod, la femme d'Edmond Kaiser, et Friedrich Topp, le dirigeant des Agents de l'Abwehrstelle d'Arras, parce qu'avec elle les Services Secrets allemands avaient également un aperçu des structures du réseau de la Résistance Brutus (v. chap. IV).

A partir d'octobre 1943, Christine Gorman et Erwin Streif ont réussi à pénétrer de nombreux réseaux de Résistance. Leur plus grand succès a été le démantèlement du réseau OCM dans la région de Calais et Lumbres (au sud-ouest de St. Omer) un fait qui est fréquemment mentionné dans la littérature plus récente sur l'histoire de la Résistance dans le Nord de la France. A la suite de ce démantèlement cinq combattants de la Résistance on été fusillés et 24 autres déportés, dont onze ont été portés disparus.

L'excellence avec laquelle Erwin Streif a joué son rôle comme Agent de l' I.S. montre avant tout sa relation pleine de confiance avec Vanlatton, l'oncle de Christine Gorman, qui jouissait d'une si grande estime dans la Résistance qu'il avait été présenté par les Résistants et aussi par le Gouvernement gaulliste en Algérie pour être Préfet du Département du Nord Après la libération; un messager d'Algérie, qui avait participé à une réunion de la Résistance en présence d'Erwin Streif, a été arrêté peu après.

Sans divulguer sa véritable identité, Erwin Streif a, depuis environ février 1944, intensifié ses contacts avec les membres de la Résistance, pour, comme il va le déclarer plus tard, changer de camp par amour pour Christine, en conséquence il a été soupçonné par le S.D., mais a été libéré de leur détention avec l'aide de Karl Hegener. Après l'invasion des Alliés il a quitté son bureau municipal sur la côte d'Opale à Etaples et il est allé à Senlis à l'état Major de l'Abwehrstelle Arras. Avec le retrait de la Wehrmacht dans la zone du Reich il a été placé en tant que membre de FAT 365 sous les ordres du capitaine Bialkowsky, dans un premier temps pour des travaux de terrassement en Rhénanie Occidentale,

Christine Gorman et son oncle Vanlatton

puis après affectation à l'Abwehr en tant que Dirigeant de l'Antenne créée pour la protection des travaux de construction des rampes de lancement de V1 dans la région boisée au nord d'Eitorf sur la Sieg. En novembre 1944 il a reçu de son supérieur, le major Schwebbach, qui séjournait à Meschede en Sauerland, deux jours de congé dans sa région d'origine et il est allé rendre visite à sa mère à Lautenbach. De là, il a traversé le Rhin, déserté, et rejoint l'armée US, où il a fait en décembre 1944 et janvier 1945 des déclarations détaillées sur la structure et le personnel de l'Abwehr ainsi que sur le domaine d'application de l'arme V1.

Christine Gorman a quitté Lille le 21 août en concertation avec Erwin Streif et s'est rendue à Paris. Là, elle a pris, quatre jours plus tard, donc le jour de la capitulation allemande, contact avec les Américains et a déclaré qu'elle voulait retourner à Lille chez Erwin Streif avec une radio et travailler avec lui du côté allemand pour les Alliés. Elle et Erwin Streif avaient déjà livré des rapports à un Roger, à Edmond Kaiser, et également à un Dr. Wibeau à Versailles en avril 1944, qui travaillait en 1914/18 pour l'I.S. Christine Gorman a été immédiatement arrêtée et livrée neuf jours plus tard à la Sécurité Militaire de Bayeux.
En septembre elle a été condamnée par l'Etat Majour du FFI de la 12éme division militaire à Périgueux. Nous ne connaissons pas la peine à laquelle elle a été condamnée, parce qu'il manque des documents d'archives. Christine Gorman, a été emprisonnée à Rouen, mais elle s'est tournée vers le Consul britannique du lieu pour obtenir de l'aide, ce qui a permis sa libération. En raison du témoignage d'Erwin Streif après sa désertion en décembre 1944 elle a été peu après de nouveau arrêtée par la police française et emprisonnée à Loos-en-Lille. A partir de ce moment là les Britanniques ne l'ont plus aidée comme le montre aujourd'hui un dossier du M.I.5 dans TNA.

1945	
5 février	un écrit du consulat britannique à Rouen au consulat général britannique à Paris: Gorman ne s'est pas présentée de façon avantageuse au tribunal de Lille. (Le 28 février cette lettre a été transmise de Paris au ministère des affaires étrangères à Londres).
1 juin	M15-interne: on doit empêcher, que Gorman vienne en Angleterre.
10 juin	avertissement d'entrée à l' "Imigration Branch" (service de l'immigration) Londres: Gorman soit probablement un agent double et pourrait essayer d'entrer au U.K., (Royaume-Uni) en raison de ses origines anglaises.
18 juillet	le père de Gorman demande de l'aide au consul britannique à Lille qui le transmet avec un commentaire critique au procureur de Lille.
1946	
jan	lettre de Gorman à Mumme: il doit confirmer qu'il était un agent britannique.
16 déc	à la demande du père de Gorman le consul britannique à Lille demande au "War Office London" de rechercher la résidence de "Fred Jopp"(!).
1947	
14 fév	"War Office" informe le consul britannique à Lille qu'un "Fred Jopp" est introuvable parmi les prisonniers de guerre au Royaume-Uni.
27 fév.	le consul britannique à Lille exprime envers "War Office": *The case is important as it certainly appears that a Young English woman has been wrongfully condemned to life imprisonment"*.

27 mars	le consulat britannique à Lille corrige envers "War Office" le nom "Jopp" en "Topp".
10 avril -6 mai	"War Office" découvre un Frederick Topp à Höxter et un Fellow Topp en Silésie.
30 avril	vote entre "War Office" (Wakefield) et M15 (Russel-King) à propos que l'avertissement d'entrée à "l'Imigration Branch"(service de l'immigration) concernant Gorman soit supprimé. Cela a eu lieu le 2 mai.
19 juin	le consul britannique à Lille communique au "War Office London", que Friedrich Topp est actuellement en prison à Lille.

Erwin Streif, qui a été livré aux Français au printemps 1945, a été également détenu à la prison de Loos-en-Lille au moins jusqu'en avril 1946. A partir de cette période là il existe de nombreuses lettres personnelles dans l'Acte de Procès de Christine Gorman, qui sont conservées encore à ce jour aux Archives Départementales du Nord, lettres qu'ils se sont tous les deux écrites pendant leur séjour commun en prison. Elles donnent une idée impressionnante de la vie affective de ces deux jeunes gens, Erwin Streif avait 31 ans, Christine Gorman 24, qui vivaient dans l'espoir de quitter bientôt la prison et de continuer leur vie ensemble.

[sans date]
Mon cher Sparadrap,
Ne soyez pas étonnez de ce nouveau nom, mais ayant oublié le votre, je vous ai tout simplement baptisé Sparadrap, à moins que vous ne preferiez Sparagus... comme il vous plaira... Je suis vexée de ne pas avoir trouvé l'enigmatique general de votre charade et pourtant je me souviens d'une vingtaine de generaux autique depuis Hammourabi et Paul-Emile. [...]
J'oublié de vous dire que Constance est le deuxieme prenom de Mary, avez-vous compris maintenant? Le petit conais bien dressé vous tend une patte de velours.
Christine

(Loos 21. Sept. 45)
Mon cher Erwin,
après beaucoup d'impatience j'ai reçu bien ta lettre du 14 et le debuet[?] m'a suffoqué, tu n'as pas changé et tes excuses ont toujours la meme saveur, je n'aurais jamais trouvé une telle explication. [...]
Veux-tu me dire avec qui tu es en cellule, je les connais peut-être? Renvoie moi les enveloppes - economie. Il me reste juste la place pour t'embrasser et exiger des lettres bi-hebdomadaires
Christine

(sans date, vrais. au milieu de nov. 1945, écriture Christine Gorman)
Froide comme la montagne sous sa tente dressee parmi les etoiles, se tenait la Philoso-phie ennemie plutot qu'amie. La passion dans sa cage, des baneaus de sa prison la regarde toujours avec haine et emerveillement. Pour rechercher notre parente avec les etoiles, nous attendons que le feu s'eleigne(?) dans la gulle. La sagesse ne vient point a l'age dore(?) et nous la payons tout son prison. Nous y arrivons lorsque nous sommes a moitie poussiere, de quoi sert ce courage aux viellards.
Qu'en pensez-vous? Votre avis s...cere. S. V. P.

(*Loos 20. Nov. 1945*)
Ma chère petite,
Quelques unes de tes lettres sont arrivées. Je te remercie pour tes souhaits anniversaire. Ils arrivent tout juste espérons que nous aurons l'occasion de le fêter mieux l'année prochaine. Tu manques pas de talent de faire de poèmes, mais la fin est un peu triste, ne trouves tu pas? Peut-être ce sera exact pour nous deux, qui en sais-je, pour le moment je préfère la gaité!
Tu dira peut-être que le diapason de notre entretien n'était pas très gai non plus qu'est-ce que tu veux, le moment était guère propice. En tout cas je te félicite tu n'a guère changé. Mais fais- mois le plaisir de ne pas te quereller, vraiment, c'est trop bête, excuse le mot, notre situation est trop difficile pour un sport pareil.
Mon état de santé n'a pas changé, peut-être c'est exact ce que tu ne dis à ce sujet, mais je suis fataliste, surtout quand je ne peux rien y faire c'est le cas, en ce moment. M... mal de dents a disparu, mais touchons du bois! Le dentiste est trop cher pour moi, [...?] argent est resté à Nancy. Est-ce que je le revois? Je n'en sais rien, en tout cas, cela n'a pas l'air. Cette question n'a pas beaucoup d'importance. L'argent est remplaçable, mais pas la liberté. J'espère qu'on nous la rendre bientôt, ce problème est trop épineux pour le résoudre par lettre, il faut toujours attendre. Changeons de disque. J'ai appris que tu t'occupes de la bibliothèque, c'est un travail comme il faut, de cette façon tu peux dévorer autant de livres que tu voudrais. Je lis beaucoup, et je commence à connaître la littérature française. Si je reste encore longtemps je serai un véritable expert, aussi bien pour les romans d'amours que pour des œuvre historiques. Tu as déjà un résultat palpable en mains, car, malgré ma manque de poésie, je suis arrivé a écrire cette lettre de deux pages. Excuses, si tu ne trouves pas beaucoup de mes sentiments exprimés dans cette lettre, c'est pas mon habitude de les exprimer, je tiens à te rassurer que je n'ai pas changé ou évolué. Je voudrais bien te fixer rendez-vous, mais c'est en dehors de mes possibilités. Je t'embrasse bien fort
ton Erwin

(Loos 20. Nov. [sans année, vrais. 1945])
Mon cher Erwin,
J'ai reçu ta lettre du 9 et te remercie pour l'adresse de ta maman, mais comprend-moi, cheri, ja n'ai nullement l'intention de me meler de tes affaires de famille tu es meilleur juge que moi eu la nature Je cryais simplement te rendre service en faisant prevenir ta maman, malgré tout. [...]
J'ai remarqué que mes lettres tres courtes te parvenaient je le regrette, car mes lettres de huit pages n'avaient d'autre but que de te distraie, mais puisqu'elles restent bureau restant, je termine celle-ci, en te souhaitant toutes choses de bonnes choses.
Beaucoup de bons baisers sans oublier Johnny
Ta petite

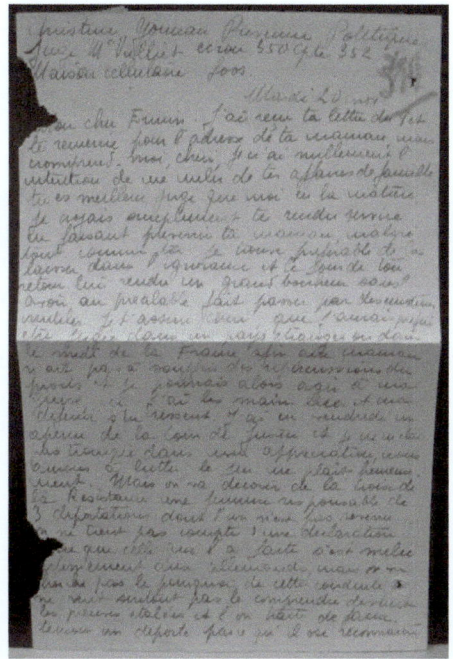 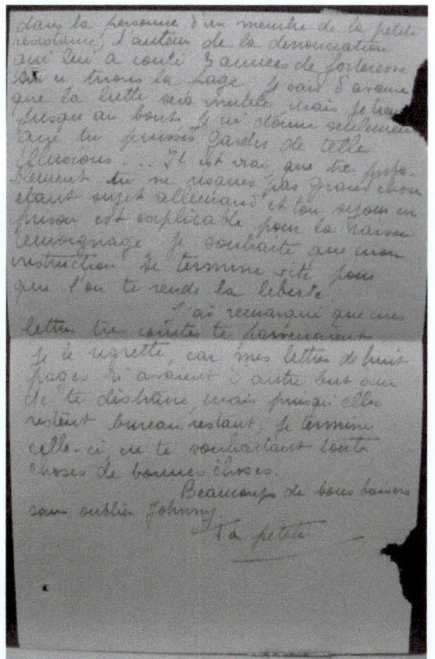

[Loos 23. avril 1946]
Mon cher Erwin,
J'ai oublié de te souhaiter traditionnel "Bonne fete de Paques" c'était d'ailleur un souhait conventionnel et inutile, et en plus, je ne pensait meme pas à cette fete un [on?] reste aujourd'hui qu'á formuler le desir que la prochaine Paque se feta à Lautenbach afin que je puisse installer des petites cloches ... toutes les branches d'arbres de ton jardin il est si triste de se révéler un martin de Paques lorsqu'on est tout petit et que l'on croit à la

> *légende des cloches de s'apercevoir que dehors rien n'est changé. [...] Sais-tu que je prefere passer au tribunal, un non lieu est dangereux, il n'est souvent que provisoire, l'opinion publique etant montre contre moi, je n'aurais pu rester en France, ni à Lautenbach occupé par les Français, les plaintes sont vite déposées et la verification dure longtemps!!! Maman a reçu ta lettre, elle va la faire parvenir rapidement. Plus rien à te dire.*
> *Avec toute mon amitié*
> *Christine*
> *P.C. Denise Chovory a été condamnée à 3 ans; elle est actuellement dans la centrale d'à coté. Elle est passée au tribunal militaire vers septembre 45.*
> *Je joins une lettre pour ton camarade.*

Apparemment Erwin Streif a été libéré peu après le jugement de Christine Gorman le 21 juin 1946 et renvoyé en Allemagne. On ne sait pas s'il a attendu en vain des retrouvailles avec Christine. En tous cas il s'est marié seulement en 1955 et il a vécu, retiré dans sa ville natale de Lautenbach, jusqu'à son décès en 1992.

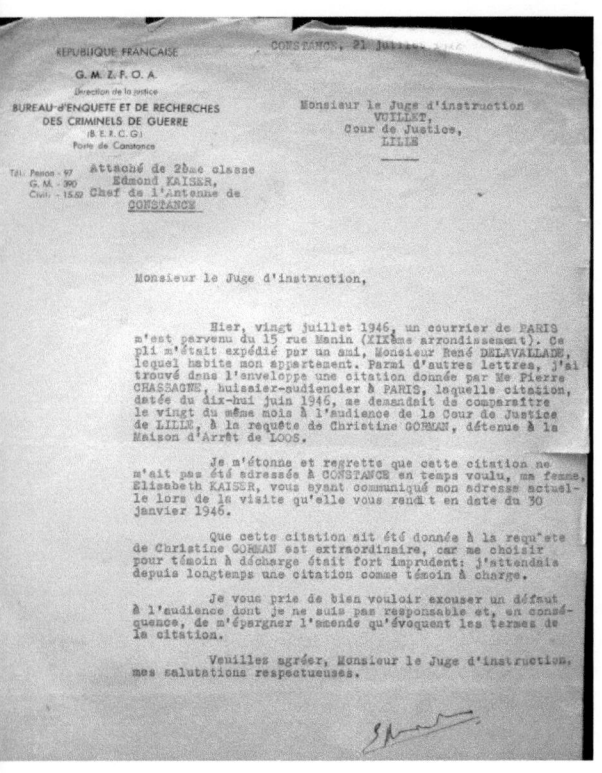

Christine Gorman a essayé avant et après sa condamnation, de recevoir un témoignage favorable d'Elisabeth Burnod, épouse d'Emond Kaiser, qui par l'intermédiaire d'Erwin Streif avait été amenée de Paris à Lille en 1944 où elle a travaillé pendant un semestre pour l'agent allemand de l'Abwehr Friedrich Topp. Mais le couple Kaiser n'habitait plus depuis la fin 1944 dans son ancien appartement à Paris dans le 19e Arrondissement; Dans un premier temps Elisabeth est allée chez sa belle-mère à Lausanne et Edmond a pénétré en Allemagne avec l'Armée française et il a pris un poste à Constance pour la poursuite des criminels de guerre, où son épouse l'a finalement rejoint. (Détails et chronologie dans le chapitre IV). En conséquence le courrier du Tribunal d'Instruction de Lille a souvent été retardé dans sa Demande d'Avis sur l'affaire Christine Gorman. Ce n'est qu'en janvier 1946 qu' Elisabeth Burnod a envoyé de Lausanne un rapport écrit à Lille qui concernait presque exclusivement ses activités avec Topp (voir chapitre IV.1), et dans lequel elle n'évoquait que très brièvement et avec distance Christine Gorman. En outre la Requête du Tribunal de Lille du 18 juin 1946, dans laquelle il était demandé à Edmond Kaiser de témoigner deux jours plus tard à Lille en faveur de la défense de Christine Gorman, ne lui a prétendument été remise que par l'intermédiaire d'un ami le 20 juillet à Constance. Edmond Kaiser était indigné (lettre au-dessus): Le tribunal connaissait son adresse au plus tard depuis janvier et en outre il ne s'attendait pas à être cité comme témoin à décharge, mais comme témoin de l'accusation. Seulement lorsque le couple Kaiser a été incarcéré à la prison de Loos début juillet 1947 pour suspicion de haute trahison en raison des accusations des milieux de la Résistance, il est arrivé à la confrontation souhaitée par Christine Gorman. Ceci est noté par Edmond Kaiser en 1979 dans son livre *La marche aux enfants* (p. 137) avec l'arrogance à peine dissimulée d'un supérieur intellectuel:

23 juin. Matin. Instruction. Premier contact avec Madeleine [Gorman] condamnée aux travaux forcés à perpétuité. Elle m'affirme qu'elle est innocente. Ne me serais-je donc pas trompé lorsque je l'ai connue? [...] Interrogation de Madeleine, sans confrontation avec moi: nos déclarations concordent, paraît-il. Confrontation Madeleine et Legrand [Boussac], qui jouent les paralytiques généraux.

Les déclarations de Friedrich Topp sont restées également sans résultat positif pour Christine Gorman, qui a été incarcérée à la prison de Loos à partir du 10 juillet 1947. Il ne lui a pas été non plus favorable, qu'après le renvoi du couple Kaiser à la fin du mois de juin avec un non-lieu, de faire remarquer au juge d'instruction qu'elle avait seulement été dans la même situation qu'Elisabeth Burnod, c'est-à-dire leurrée par les mensonges d'un Agent allemand.

Prison de Loos-en Lille (photo de 2013, avant la démolition)

On ne sait pas combien de temps Christine Gorman est restée en détention. Selon son fils elle y est restée dix ans. Cependant les livres d'adresses de la ville de Lille mentionnent une infirmière portant son nom qui résidait de 1951 jusqu'à 1965 au 261, rue Pierre Legrand à Lille dans le quartier de Fives, comme c'était déjà le cas en 1937/1939. En tous cas, elle a fini par quitter Lille, s'est installée en Angleterre, s'est mariée là-bas et est décédée à Liverpool. Elle était mère de deux enfants.

Annexe
Déclaration d'Erwin Streif et de Christine Gorman
sur leur contact avec Edmond Kaiser

(1) Streif au début de janvier 1945 dans la région de Strassbourg; TNA Kew, Gorman.

> *In September 1943 I had been ordered by my chief, Capt. HGENER, to get in touch through the V-man LE TOUQUET with Miss Christian GORMAN who was the daughter of the Englishman Fred Gorman and lived with her mother at 263 rue Pierre Legrand at Lille-Five. Up to this point I had never been employed but had always worked in the office. I went along with LE TOUQUET I went to Paris to a certain KAISER at 13 rue des Chaufournieres where GORMAN was at this time. (Miss GORMAN was mend.) She had been involved in an espionage case and had been sentenced to two years imprisonment by the French police in Clermont. She had finished at this time.*
>
> *My chief had given me the task of getting the girl an assignment in St. Omer. I had been introduced to her as a member of the Todt organisation, a citizen of Luxemburg and at the same time working for the British Intelligent Service. Since my sympathies were with the French side an since I considered the war lost, I decided to do some double dealings against the germans. This decision was strengthened by my falling in love with GORMAN, whom I intend to marry after the war. I believe that my feeling toward her was reciprocated. At that time she knew me under the name of MACEL STAEL. Already at that time I attempted to get a radio transmitter through her. My idea was to use this transmitter to send to London any information I could obtain, without belonging actually to an organisation. In this way I would have made it almost impossible for the Germans to discover me and that was one of the things I had to consider because my mother an my sister lived in Baden. She did not succeeded, but she brought me a good deal of material on V1-emplacements. As I continue4d to insist on a transmitter, she suggested that I should go to a friend of her in Paris called KAISER, who had a daughter in Switzerland and went to visit her from time to time and would could possibly procure a transmitter through the British Consulate in Switzerland. I thought this was a good suggestion.*
>
> *Before that she had introduced me to her uncle, Mr. VANLATON, 1 Place Jaquard, Lille. I had not wanted this at first, but was compelled by the circumstances, as VANLATON had a British flier hiding with a friend of his and he wanted me to help him get away. He requested me to deliver a message personally thus compelling me to inform my office about everything. The office ostensibly helped the flier to get away but probably arrested him on the way and gave me the massage "Les Betises de Cambrai sont bonnes".*

No harm was done to the people who had kept him in hiding. Through GORMAN I was introduced to the chief of the Liberation in Valenciennes, called PIERRE. who explained to me that CLAUDE had been arrested of a denunciation by a member of the Liberation in Valenciennes who had been arrested before. CLAUDE, I do not know his right name, was also in touch with the people who furnished me the V1-information on the coast, so that I was now obliged to warn these people. I did this immediately but none of them believed me or went into hiding. After this I made my reports to the office which had already obtained most of CLAUDE's names.

After this I kept in the background but tried to get a transmitter through KAISER. He told me that this was unnecessary because he was now Chef d'arrondissemnt of Liberation in Paris and that I would probably get the transmitter through his organisation. He introduced me to the chief radio operator, the chief of the North district of Paris and many others Since they could not give me a transmitter I gave them my information with which they were satisfied.

Finally KAISER told me that his wife could not remain in Paris because she had been expelled and he asked me to take her to Lille. GORMAN agreed to this, but I did not have anything to with her (Mrs. KAISER) and turned her over to my colleague, Fred TOPP, instead

Through VANLATON I met many members of the Front National, Liberation, etc. in Le Treport , but I did not report any of them so that none were arrested. Beside this I accepted only few of the fliers who were offered to me.

(2) Streif à Lille 27 juillet 1945; ADN, Gorman.

J'avais acquis le grade de sergent depuis environ un an lorsqu'au mois de mai 1943, je fus proposé par le major MOLL de l'E. M. pour entrer dans les Services 3. F. (Contre-espionnage) de l'ABWEHR 106, rue Nationale, à Lille. J'avais à remplacer, ainsi que je l'ai appris par la suite, un Lieutenant nommé GRAU, que le chef de ce service, HEGENER, avait limogé pour une affaire d'une femme.

Au début, et ce jusqu'au mois de Septembre 1943 j'ai été installé au TOUQUET dans une villa occupée par le service et où se trouvaient antérieurement un nommé FRANZ, 65 ans, traducteur au Tribunal militaire, et un nommé Egon MAYR, sunderfuehrer [MAYER, Sonderführer], qui j'ai remplacés.

Des instructions m'avais été données pour revêtir la tenue civile puis à effectuer des enquêtes ou des vérifications qui se rapportaient au contre-espionnage. Je devais, en même temps, au cours de mes tournées, en voiture, faire des achats de beurre et œufs que, je transportais à Lille, pour être distribués dans les services de l'ABWEHR.

Dans le courant du mois de Septembre 1943, HEGENER m'a ordonné de me rendre, à Paris, en compagnie d'un nommé " LE TOUQUET", qui me fut présenté, par la suite, par FRANZ, sur la route Avenue du Jardin Botanique, à La Madeleine. Avant le départ HEGENER m'expliqua, que LE TOUQUET me ferait rencontrer, à Paris, avec une nommée Christiane GORMAN à qui je devais me présenter comme agent de l'I.S. HEGENER ajouta qu'il connaissait cette femme contre laquelle il possédait un dossier qui contenait les noms de Francis MUMME et de GAROW, capitaine anglais de l'I. S., et qu'il pouvait inculper d'espionnage et la faire arrêter. Il ne voulait pas le faire, poursuivit-il, parce qu'il voulait en tirer profit par mon intermédiaire.
C'est ainsi que j'ai fait la connaissance de Christiane GORMAN qui a cru en moi à un agent de l'Intelligence Service. Aidé en cela par LE TOUQUET qui m'avait présenté comme tel. D'ailleurs, pour mieux la convaincre j'avais fait émettre, par l'intermédiaire du service, deux messages personnels, de LONDRES, dont l'un des textes que je me rappelle, était « Les bêtises de Cambrai sont très bonnes ». J'avais eu soin d'en aviser M. VANLATON, l'oncle des Christiane qui en fit part à sa nièce après avoir les captés. Je dois de dire également que je lui ai fait signer un papier sur laquelle elle reconnaissait se racheter en « travaillant » pour les Anglais, car j'avais appris qu'elle aurait « travaillé » au début, pour les allemands.
Sous le pseudonyme de "STAEK Mercel" je suis devenu l'amant de Christiane GORMAN avec qui j'ai quitté PARIS quelques jours après pour la conduire à St-OMER, à l'hôtel du Luxembourg dans l'attente de lui faire occuper une chambre réquisitionnée.
À St-OMER je lui confiait la première mission qui était d'épier les ingénieurs allemands sur leurs conversations car il m'avait été rapporté qu'ils commettaient des indiscrétions sur les remparts de lancement dont ils avaient la charge des travaux à WATTEN. [...]
Au début de l'année 1944, sans but défini, j'accompagne Christiane à PARIS dans l'intention est de rendre visite à KAISER qu'elle a rencontré la première fois au cour de l'année 1943. Je connais déjà cette personne que Christiane m'a présenté comme un ami lors de cette rencontre. Je sais par mon amie que KAISER a des relations d'ordre familial, en SUISSE, et j'en profite pour lui demander d'aider Christiane à se rendre dans ce pays auprès du Consulat britannique. À KAISER, j'explique que le but poursuivi est d'obtenir un cristal et un code pour poste émetteur, pièces qui me manquent pour faire fonctionner un appareil que je détiens, et est alors qu'il me fait part qu'un tel voyage n'est pas nécessaire pour obtenir ces objets qu'il pourra me faire procurer, à PARIS, étant donné ses relations dans les milieux du mouvement Libération. Par la même occasion et dans ce but, KAISER me présente à un nommé Pierre DUPONT, chef de la Libération-Nord, à Paris qui, par l'intermédiaire de KAISER, me fait connaître un nome ROMBEAU, ingénieur, et chef-radio à Libération. ROMBEAU m'invite à lui remettre mon poste qu'il veut, lui-même, compléter.

Dans l'attente de la réparation de mon appareil, je rentre, à LILLE, avec Christiane, et environ huit jours après je repars, à PARIS toujours accompagné de mon amie, espérant reprendre cet objet que ROMBEAU n'avait pas encore réparé.
J'insiste cependant, car mon but véritable est d'obtenir le code et le plan d'émission et non le cristal que je pourrait facilement, trouver dans le service.
À cet effet, en compagnie de " MAX" qui m'accompagne, à PARIS, je revoie ROMBEAU et KAISER. ROMBEAU me dit qu'il n'a toujours rien fait au sujet du poste que je lui reprends. Toutefois, je lui confie " MAX" en lui disant qu'il lui pourrait remettre, 'a l'avenir, les pièces demandées.
Dans le même moment, KAISER me présente "ELISABETH", sa femme comme ayant " travaillé" pour l'I. S., et dont l'activités sont connues des allemands. Il me propose de la faire "travailler" dans une autre région. J'accepte et je l'emmène, à LILLE pour la confier à "TOPP" qui la fait "travailler" dans la région côtière, de la même façon que j'emploi Christiane.
Dans l'intervalle j'apprends que "MAX" a échoué dans sa mission, à PARIS, et je décide de m'en débarrasser en le congédiant normalement et en lui remettant quelques milliers de francs.
Après ces investigations, à PARIS, je rentre, à LILLE et je partage un appartement, avec Christiane, au 4è étage d'un immeuble situé, Place de Béthune.
J'envoie Christiane sur la côte pour ses missions habituelles et elle m'apprend qu'elle a fait la connaissance d'un nommé MARCHAND, membre de la résistance au TREPORT. Accompagné de mon amie je me présente chez MARCHABD qui nous fait connaître le receveur de poste, son chef et à un pêcheur inconnu nous. Ce dernier nous indique ou plus exactement nous présente à un nommé SERGE, chef des F. T. P. délégué de la Seine Inférieure qui nous confia le refuge, à GAMACHES (Somme) de 10 aviateurs américains.
Tous ces aviateurs qui avaient trouvé asile chez les membres de Front National, furent acheminés, selon le procédé habituel et pat l'intermédiaire de « TOPP », vers des camps des prisonniers. [...]
D[emande] - Que savez-vous de "TOPP"?
R[éponse] TOPP, était comme moi, membre de l'ABWEHR. [...] Il appartenait, également au service III.F. où il avait sous ses ordres, NISSEN Armand et sa femme, un certain ROLAND, ainsi que sa propre amie ELISABETH, femme KAISER. [...]
[Lille 03.08.1945:] *Quant à « ÉLIDSABETH » femme à laquelle fait allusion « JAQUES » je vous ai déjà déclaré qu'il s'agissait de la femme KAISER, devenue la maîtresse de « TOPP ».*

(3) Gorman à Lille 24 janvier 1945; ADN Lille, Gorman.

> *Le 18 Septembre 1941 j'étais traduite devant le Tribunal Militaire de MONTPELLIER qui m0e condamna à deux ans d'emprisonnement pour atteinte à la Sûreté Extérieure de l'État.*
>
> *[...] j'ai été transférée à PRIVAS (Ardèche) où j'ai été libérée, le 8 juin 1943. À ma sortie de prison, sur les indications d'un groupe de résistance local mais rattaché, à Lyon, je me suis rendue chez un nommé FALGON, marchand primeurs, à MONTPAZAT (Ardèche), membre de la résistance qui m'a accueilli pendant environ deux mois soi-disant parce que j'étais recherchée par les Allemands.*
>
> *Au début du mois d'Août 1943, j'ai quitté MONTPEZAT et je me rentré, à LILLE, chez ma mère qui m'a fait part que depuis environ un an elle recevait chez elle un nommé "EMILE" dit "Le Grand" de l'Intelligence Service, qui semblait s'intéresser à ma personne du fait, sans doute, qu'il avait dû connaître ma liaison avec "FRANCIS MUMME" que, soit dit en passant, je ne devais plus revoir depuis les évènements de MARSEILLE.*
>
> *L'individu s'étant dit "EMILE" et que pat la suite j'ai surnomme "Le Grand", en raison de sa haute taille, est venu chez nous le lendemain de mon arrivée, à LILLE. Il savait d'ailleurs que je devais rentrer, à LILLE, car je l'avais écrit à ma mère sans préciser, toutefois, la date de mon retour.*
>
> *A la demande d'"EMILE" que connaît déjà M. VANLATON, mon oncle, j'accepte d'entrer dans son service de renseignement moyennant 5.000 francs de fixe par mois, plus l'allocation de primes par renseignements.*
>
> *Dans l'attente qu'"EMILE" mette les "choses" au point, je suis retournée à MONTPERZAT avec ma mère où j'ai séjournée pendant une quinzaine de jours pour gagné ensuite PARIS où j'avais à rendre visite à M. KAISER, écrivain, comptable pour usine PHILIPPS, demeurant 13, rue des Chaufourniers (XVIIIè). J'avais connu KAISER, un mois auparavant pour l'avoir rencontré dans le train de LYON-PARIS dans le moment où il revenait de Suisse où il avait été voir sa petite fille.*
>
> *Je suis restée environ trois semaines, à PARIS, chez KAISER, où "EMILE" est venu [me] chercher le 12/9/1943, pour m'envoyer en mission, à St-OMER. Avant de quitter la capitale, "EMILE" me conduisit Avenue des Champs Elysées, dans une boîte de nuit, à LYDO, où il me présenta à un individu, de ses amis, qu'il appela "MARCEL" et comme ingénieur de l'organisation Todt. A "MARCEL" "EMILE" me présenta comme fille d'Anglais, et "travaillant" à son service.*
>
> *La dernière nuit que j'ai passé à PARIS, à L'Hôtel de Liège, fut en compagnie de "MARCEL". C'est là que j'appris que mon compagnon se faisait appeler "STAEL Marcel", né à Luxembourg le 25 juillet ? [sic]. De mon côté je m'inscrivais sous le nom de "BAYARD Madeleine" née le 24/12/1923 à Alger.*

J'ai quitté effectivement PARIS, le 15/9/1943, en compagnie d'"EMILE" et de "STAEL" pour me rendre à St-OMER où ce dernier m'a conduit à sa chambre, chez une institutrice, dont je ne me souviens plus du nom ni de l'adresse.
"STAEL" avait su par "EMILE" que j'étais chargée de recueillir des renseignements sur des installations des rampes de lancement, et autres, dans la région de St-OMER, et à son tour il me confia une mission qui était de rechercher un nommé un "LEOPOLD" aux doigts brûlés et l'amie de celui-ci, une prénommée Jeannette, d'origine italienne.
J'ai oublié de vous indiquer qu'à PARIS, à l'Hôtel de Lydo, "EMILE" me fit signer en présence de "STAEL", un papier m'engageant à "travailler" pour les services anglais pendant toute la durée des hostilités.
Après une semaine d'activité à St-OMER, "STAEL" st venu m'y rejoindre et ensemble nous avons partagé la même chambre dans un hôtel, de cette ville. A partir de ce jour j'étais devenue la maîtresse de "STAEL" en qui j'avais entièrement confiance.
"STAEL" et "EMILE" me chargent de missions identiques qui consistent à recueillir des renseignement d'ordres militaires et à chacun d'eux, après exécution, je remets un rapport manuscrit sur mon activité.
Début d'octobre 1943, je rentre, à LILLE, chez ma mère qui m'apprend qu'un nommé LETEILLIER, percepteur, à ORCHIES, confit le refuge d'un aviateur anglais ce dont je rends immédiatement à "STAEL" que je vais retrouver à St-OMER, car je ne puis toucher "EMILE. "STAEL" lui-même prends la décision de s'occuper de cet anglais et à cet effet je l'accompagne chez mon oncle VANLATON Eugène, Place Jaquard, No. 1, à LILLE qui nous remet une carte de visite à son nom qui nous permettra de nous introduire à TOURMIGNIES ou plus exactement dans une ferme près de cette commune où se trouve réfugie un aviateur anglais à qui "STAEL" remettra des faux papiers d'identité et une carte de travailleur de l'O. T. pour le remettre finalement à la disposition d'une organisation s'occupant spécialement du rapatriement. Peu de temps après un message conventionnel émis d'Angleterre sous cette forme "Petit loup, bien arrivé" annonçait à MM. LETELLIER et VANLATON que l'aviateur étais rentré sans encombre. Afin d'éprouver "STAEL" sur sa sincérité vis à vis des Alliés, M. VANLATON lui demanda d'adresser à la B.B.C. un message relatif au même aviateur. Environ quinze jours après "STAEL" vint annoncer à M. VANLATON qu'il ferait émettre le message "Les Bêtises de Cambrai sont très bonnes" ce qui fut confirmé par la suite à ce que m'on dit MM. LETELLIER et VANLATON.
Sur les ordres de "STAEL" je retourne à St-OMER aux fins de recueillir de[s] nouveaux renseignements sur l'activité militaire allemande, mais avant de partir je reverrais "EMILE" qui me versera la somme de 5.000 francs pour prix de mon activité.

De St-OMER, "STAEL" m'emmène ensuite au TOUQUET où nous partageons une villa qu'il a fait réquisitionner par les Autorités Allemandes. Dans cette ville je suis restée inactive tandis que "STAEL" se livrait au "marché noir" pour les chefs de l'O.T.. Cependant je dois vous signaler qu'autour de notre séjour au TOUQUET, STAEL eût sommes restés environ trois mois. Dans ce secteur, j'ai continué, sur la demande de "STAEL", à glaner des renseignements d'ordre militaire tandis que lui-même, se rendait journellement, à ce qu'il me disait, à la firme POLINSKY de l'O.T., à La MADELEINE. Nous ne nous retrouvions ensemble que les Mercredis matin pour nous rendre au TOUQUET, y acheter des denrées contingentées qu'il disait destinées à ses chefs de l'O.T.

Dans le courant du mois d'octobre 1943, "STAEL" prit le nom de Jean LEFEBVRE qui était celui de son ami du TOUQUET et me fit prendre celui d'Henriette LEFEBVRE, née DOUCK qui était celui de l'épouse de cet ami [...]

[...] Au cours de notre présence à PARIS, KAISER présenta à "STAEL" un nommé Pierre DUPONT comme le chef de la Libération Nord à PARIS à qui il fournit, ainsi qu'à ROMBEAU, des renseignements sur les rampes de lancement installées dans le Nord et le Pas de Calais.

Par la même occasion KAISER demanda à "STAEL" l'introduction de sa femme Elisabeth, dans son service dans l'intention de la faire travailler comme agent de renseignements. "STAEL" accepta et ramena ELISABET, à LILLE où il la confia à un nommé "FRED", sujet irlandais dont je n'avais jamais entendu parler. C'était vers la fin de janvier et à partir de cette époque, ELISABETH et "FRED" travaillèrent de concert, à recueillir des renseignements d'ordre militaire dans les région Nord, Pas de Calais et Somme.

3. Friedrich Topp et son réseau

Parmi les nombreux coopérateurs de Friedrich Topp, à l'époque où il était Dirigeant des Agents d'Ast Arras, une femme joue un rôle particulier: il s'agit d'Elisabeth Kaiser-Burnod, qu'en 1947 Friedrich Topp désignait comme *ma principale collaboratrice et mon amie* et qu'Erwin Streif appelait brièvement *la maîtresse de Topp*.

Elisabeth Burnod (env. 1960/65) © *Henriette Grindat / Fotostiftung Schweiz*

Pour quelle raison **Elisabeth Burnod,** alias Evelyne Bourgeois, alias Thérèse Le Quesnoy, alias Diana Lambert, née en 1916 dans le Jura Suisse, épouse du capitaine français et plus tard fondateur de "Terre des hommes", Edmond Kaiser, a-t-elle été arrêtée en 1947 ? En 1944 ne savait-elle vraiment, pendant plusieurs mois, rien de la véritable identité de Friedrich Topp alias "Alfred Lambert" ? Était-elle son amante ? Était-elle par lui allouée avec la somme de 10.000 francs mensuellement ? Mais qui était, après tout, ce Friedrich Topp alias Alfred Lambert ?

Friedrich Menzies TOPP (alias Wilson, Alfred Lambert, Jean Pierre Deltour) est né en 1904 à Cologne. Par sa mère, originaire de Londres, qui était venue peu avant 1900 comme gouvernante dans la famille des banquiers Oppenheim de Cologne, Friedrich Topp parlait un excellent anglais et connaissait parfaitement Londres grâce à plusieurs voyages effectués chez ses proches. Son grand-père Menzies Wilson, originaire d'Ecosse, avait servi pendant plus de 20 ans dans la "Royal Engeneers" en Outre-mer, où il avait suivi une formation d'électricien. Après son service militaire, il a vécu avec sa famille dans le noble district gouvernemental Whitehall à Londres, au début chez New Scotland Yard, puis pendant 10 ans dans les magnifiques bâtiments de *Board of Trade* in Richmond Terrasse où il était responsable des installations électriques. Après son Brevet Friedrich Topp a d'abord suivi un apprentissage à la banque Oppenheim de Cologne et y a été employé, mais il a suivi ensuite ses penchants créatifs et artistiques et il a été embauché à la Société des Eaux-de-Cologne 4711 en tant que correspondant publicitaire pour l'Europe de l'Ouest. Après son mariage avec la fille du chanteur d'opéra de Düsseldorf Dobsky, il a suivi

une formation de chanteur de concert à l'école de musique Hopfauf de Cologne, alors bien connue, et il a passé, avec succès, un examen d'Etat reconnu dans cette discipline. Après son appel sous les drapeaux fin novembre 1939 il a servi d'interprète avec le rang de Dirigeant Spécial Z, et participé, en tant que tel, à la campagne de l'ouest sur Hertogenbosch, Rotterdam, Arras et Cambrai. Il a été membre de la Feldkommandatur de Lille de juin 1940 à juin 1943, où il a travaillé en tant qu'interprète et où il était également responsable de la délivrance des laissez-passer pour la zone côtière ("zone interdite"). Il a servi d'informateur pour la Nest de Lille.

Lille en 1941, 134, Bd. de la Liberté (à droite Topp)

En été 1943 la Feldkommandantur de Lille a été réorganisée et Friedrich Topp a été transféré comme interprète à la Kreiskommandantur de Cambrai. En fait, à la demande du Kreiskommandanten du lieu, le Commandant Engels et avec le consentement du Chef de Section, le Dr. Ernst Pantell de la Nest de Lille, il a accepté une mission très dangereuse. Sous le nom d'emprunt de "Wilson" il devait s'introduire dans un réseau de l'important groupe de Résistance OCM (Organisation Civile et Militaire) et se faire passer pour un pilote anglais dont l'avion avait été abattu, et ce afin d'obtenir des informations détaillées sur les structures et les personnes constituant le réseau. Cela a été réalisé avec l'aide d'un indicateur et du Chef de Police de Cambrai, Dominique Paoli. Avant que Friedrich Topp ne soit admis au domicile du membre de la Résistance, Maurice Thuru, au Cateau, en passant par plusieurs étapes, un Professeur d'Anglais de l'Université de Lille a vérifié les compétences en anglais de Friedrich Topp afin de s'assurer qu'il était "vraiment" Anglais, une entreprise désespérée car Friedrich Topp ne parlait que l'anglais avec sa mère Amelia Wilson depuis l'enfance.

Pendant quatre semaines Friedrich Topp a vécu constamment en danger de mort en tant que "pilote anglais Wilson" dans la maison de l'ancien boxeur Maurice Thuru au Cateau, lequel l'a ensuite amené clandestinement dans un hôtel à Paris par l'itinéraire habituel. Mais un jour plus tard il a été arrêté par la Police de Sécurité et il a eu grand-peine à éviter les coups de la SIPO qui, au début, ne voulait pas croire à son histoire. Ce n'est qu'après des pourparlers avec le Commandant Engels à Cambrai qu'il a été libéré et a pu rendre compte au Dr. Ernst Pantell, à Lille, des informations qu'il avait obtenues au Cateau.

Le Dr. Ernst Pantell a ensuite chargé son coopérateur, le Dr. Otto Niehoff, de dénicher le réseau d'infiltration autour de Maurice Thuru. A cette occasion, l'abbé Robert Lefebvre a été également arrêté et il a décrit sa détention à Loos dans le livre *Cellulle 16* à la fin de 1944.

Après la Libération un autre détenu, le Chef de Police de Cambrai **Dominique Paoli** (photo à droite), qui faisait prétendument parti du groupe "Le Cateau" de l'OCM (Organisation Civile et Militaire) depuis la fin de 1942, est entré dans une violente dispute avec la veuve Thuru. Dominique Paoli a décrit ses six mois de détention à Loos dans un livre le *Commissaire en prison* et a invoqué la libération de plusieurs codétenus comme preuve de son mérite. D'autre part, la veuve Thuru l'a accusé de collaborer avec les Allemands, ainsi que Friedrich Topp qui ne voyait apparemment pas très bien le rôle joué par Dominique Paoli lors de son infiltration au Cateau: "*Le commissaire de police PAOLI de Cambrai était venu prendre ma photographie pour établir une fausse carte d'identité qui de vait être établie par la suite au Cateau*

au nom de TISON. Le commissaire PAOLI m'avait rencontré à plusieurs pris alors que j'étais à la KK [Kreiskommandantur] de Cambrai. Il y venait pour des questions professionnelles et avait à faire à moi. Je portais alors l'uniforme et je ne puis préciser si le jour, ou il a pris ma photographie, il m'a identifié comme étant l'interprète de la KK. La conversation avec le commissaire PAOLI eu lu en anglais alors qu'à la KK nous parlions en français."

Pour son courage extraordinaire au Cateau, il a reçu la Croix de Fer de 1ere Classe en décembre 1943 (photo à droite avec les Croix de Fer EK I et II); il avait reçu l'EK II un an plus tôt pour une mission non précisée contre la Résistance. L'action de Friedrich Topp au Cateau a été littéralement décrite, en 1946, comme un succès très louangé de son protagoniste "Stephen" par sa coopératrice des Services Secrets, Elisabeth Burnod, dans son roman *Le Miracle des Violettes*.

Après seulement quelques semaines d'activité à l'OFK de Lille, Topp est devenu Dirigeant d'Agents à l'Ast d'Arras en janvier 1944, responsable pour la protection de la rampe de lancement du V1 et des bunkers V2 dans les départements du Nord, du Pas-de-Calais et de la Somme. Sa collaboration avec Elisabeth Burnod, épouse d'Edmond Kaiser, a débuté ensuite à la fin de janvier.

Elisabeth Burnod a grandi dans un milieu familial Protestant. En tant que jeune femme à la volonté très forte, elle a décrit les conflits insolubles avec son milieu familial petit-bourgeois, dans son roman "Florentine", écrit à Paris en 1943 et publié à Genève en 1949. En 1935 Elisabeth Burnod a rencontré Edmond Kaiser, fils d'un commerçant juif de Paris lors d'une réunion dans un Cercle Littéraire. Elle l'a

Friedrich Topp alias Alfred Lambert, au début de 1944

épousé un an plus tard et s'est installée avec lui à Paris. Malgré le travail d'Edmond dans la société Philips à Bobigny, en banlieue parisienne, le jeune couple, qui se consacrait entièrement à la littérature et à la musique, a vécu dans un grand besoin matériel. Leur fille Myriam est née en 1937. Elle a été baptisée catholique, ce qui, déjà à cette époque, montrait la grande distanciation qu'Edmond entretenait par rapport au judaïsme ainsi que son penchant croissant vers le catholicisme. Au début de mars 1942 leur fils Jean-Daniel, seulement âgé de deux ans, est décédé dans un tragique accident.

Jusqu'au décès, début mars, de leur fils Jean-Daniel, âgé de deux ans, la vie d'Elisabeth Burnod et de son époux Edmond Kaiser est attestée de nombreux certificats tels que certificats de baptême, de mariage et de décès. Les résultats relatifs à cette recherche ne peuvent être contestés d'autant qu'il n'existe aucun document connu qui pourrait donner lieu à des doutes sur leur parcours de vie. Cela changera fondamentalement à partir de mai 1941. Désormais, seules les déclarations de personnes sont disponibles comme source pour la période allant jusqu'en septembre 1944, dont la vérité substantielle n'a pas pu être vérifiée ou n'a pu être vérifiée que de manière ponctuelle. Pour aggraver la situation toutes ces personnes travaillaient pour les Services Secrets et étaient donc très familières avec le mensonge, utilisé à dessein.

Après la guerre ils avaient un grand intérêt à dissimuler ou à ne pas mentionner des faits qui auraient pu être interprétés négativement par la Justice, voire jusqu'à inventer des histoires qui les présentaient sous un jour particulièrement favorable. Les seules sources d'information sur les activités aux Services Secrets d'Elisabeth Burnod, de juillet 1941 jusqu'à juillet 1944, sont ses propres informations, rassemblées en janvier 1946, et la déclaration de Friedrich Topp devant la BST de Lille (Brigade de la Surveillance ou de la Sécurité du Territoire) en juin 1947. Les déclarations d'Elisabeth Burnod sont conservées aujourd'hui dans le dossier du procès intenté à Christine Gorman dans les ADN (Archives Départementales du Nord).

Document: Elisabeth Kaiser-Burnod dans la Résistance
(ADN Lille, Gorman)

RAPPORT SUR L'AFFAIRE LAMBERT
Pour servir à l'éclaircissement de l'affaire BERTOCCHI à l'attention de Monsieur le Juge d'Instruction, Monsieur CLETY. Cour de Justice, Boulevard Watteau, Valenciennes, copie envoyée à l'avocat de Jean Bertocchi, Me DELCOURT 24, rue de Beaumont, Valenciennes

1 Renseignements d'identité
Elisabeth Kaiser-Burnod, dite **Evelyne Bourgois** et **Thérèse Le Quesnoy**.
Née à Morges, Suisse, Canton de Vaud, de parents suisses, le II aout 1916.
Épouse, dès le 6 juillet 1936, de Edmond KAISER, de nationalité française. A partir de Juillet 1936, je vis à Paris, dernière adresse, au 17 janvier 1944; 15, rue Manin, Paris, 19 arrdt.

2 Travail résistant
   *Sous mon nom véritable, et, parfois le prénom de **Renée**, je travaille dès fin mai 1941, sous les ordres de l'agent I.S. RAYMOND, avec une interruption de quelques mois, - décembre 1941 - 28 mars 1942, période pendant laquelle le retour de ma fille m'empêcha de travailler pour mon service d'information.*

Dès le 7 mai 1942, reprise de mon travail avec RAYMOND, jusque fin Juillet 1943. Arrêté à la gare Saint-Lazare à cette époque, il fut fusillé courant Aout, ce qui me priva de tout contact, avec I.S. Notre travail consista, pendant ces deux années, en renseignements d'ordre industriel d'une part, et en action contre la Gestapo, de l'autre. J'eus spécialement à ..ter contre l'équipe de l'inspecteur allemand **Walter KLEIN**, domicilié 96, rue B[?]anche à Paris. Je puis indiquer comme références deux personnalités résistantes françaises qui furent sauves des poursuites de la Gestapo par moi:

Le **Docteur DELVILLE**, à Réalcamp, et son beau-frère, **M. PUCHEU DELVILE** spécialiste Radio, à Realcamp également, qui à trois reprises, la dernière courant Novembre 1943, reçurent de mes services, ainsi que de Libération, que j'avais alertée, le conseil de se mettre en sécurité.

Par suite de la mort de RAYMOND, dans l'impossibilité où j'étais de renouer contact avec I.S. , et me voyant vivement suspectée par KLEIN et sa bande, je me cachai, courant novembre 1943, à [Saint-Ouen-]MARCHEFROY, prés BERCHERES sur VERGRE [Berchères-sur-Vesgre] (Eure et Loir) chez M. SOURDRIL hôtelier; Rentrée à Paris en décembre de la même année, et désireuse de travailler encore pour la Résistance, je demandais mon mari, Edmond KAISER, alias Jean RAMEAU, responsable pour le 19 arrdt., mouvement LIBERATION, de bien vouloir m'employer. Comme entre temps, il avait fait, ainsi qu'il le relate dans le rapport ci-joint, la connaissance d'une jeune agente I.S. Madeleine GORMAN, et, qu'en ayant référé à ses chefs, il était resté en contact avec elle, il me proposa de demander à cette jeune fille si ses services pouvaient m'employer. La réponse fut affirmative et, le 16 janvier 1944, je fus présentée, par mon mari et chez lui, à Marcel STAHL, soi-disant Luxembourgeois, équipier de Madeleine Gorman, et à Max MASSON, qui se disait colonel anglais. Mon mari étant en confiance, je n'avais aucun raison de suspecter la bonne foi de ces deux prétendus agents I.S. Après un interrogatoire d'une heure, ils m'acceptèrent dans leur service et le lendemain le dimanche 17 janvier, je partis pour LILLE, sous le nom d'Evelyne Bourgeois, en compagne de Marcel STAEL; Max MASSSON demeura à PARIS, je ne l'ai jamais revue.

A Lille, le 18 janvier, je retrouvai Christine GORMAN, alias Madeleine. Elle habita avec STAEL, 2 Rue du Manège à Roubaix, Je passai quelques jours chez eux. Le 22 janvier au soir, STAEL m'informa que je serais bientôt présentée à mon futur chef. Dans ce but, il me fallut écrire un rapport détaillé sur mon activité en tant qu'agente I.S. Je remis ce rapport le 23 au matin à STAEL. Je ne me doutais pas que je le remettais à un agent du Contre-Espionnage allemand ...

Vers le 26 janvier STAEL et GORMAN déménagent, et s'installent dans un appartement réquisitionné 15, place de Béthune à Lille. Je m'étonnai de cela. STAEL m'informe très naturellement qu'un agent I.S. du Service sous le nom de ZIEGLER travaillait à l'Organisation Todt et facilitait à ses camarades le problème très difficile des logements. Loin de trouver cela suspect, je me réjouis, estimant qu'habiter un *appartement réquisitionné constituait une sorte de sauvegarde; les allemands auraient peut-être cherché des anglais partout sauf dans leurs appartements ... Ce fut dans ce sentiment que je fus, le 29 janvier, 12 jours après mon arrivé à Lille, présentée au chef du service, qui devint mon chef, ALFRED LAMBERT, né, selon sa fausse carte d'identité, à Oran, le 3 mai 1904.*

Travail avec LAMBERT

Sous le nom d'Evelyne Bourgeois je résidai à Lille, 158 rue de Paris, à la Taverne Parisienne, propriété de MM. Potier-Lebeau, puis plus tard, 92 avenue Carnot à TOUCOING. Je tiens à dire combien MM. Potier-Lebeau et leur famille me furent dévoués, dès qu'ils furent au courant de mon activité, et de quel réconfort, ils me furent, lorsque fin juin 1944 je me rendis irrémédiablement compte que je n'avais pas affaire à des anglais mais à des allemands.

Dès le 30 janvier, je partis en mission d'information secteur Ardres, Audruik, Saint Omer, Lumbres, Wizernes. LAMBERT ne m'avait pas donné d'ordres précis. Ce premier voyage consista surtout pour moi à me familiariser avec le pays. Habitués à fournir des renseignements militaires, je fus très contente que LAMBERT, à mon retour, me permit de partir à la recherche des chantiers V.1.

Vers le 6 Février, je remets à LAMBERT mon premier rapport, ne traitant, que les dispositifs de la machine de guerre allemande, secteur Ardres, Cocoves, Wizernes, Esquerdres.

Après en avoir pris lecture, et m'avoir recommandé la prudence, il me proposa de me rendre à Merris, chez M. JUMEL, boulanger. M. JUML d'après LAMBERT, doit pouvoir me faciliter mon travail d'information.

Je me rendis à Merris, y fis la connaissance de M. JUML et lui dit sans ambages, ce que j'espérais de lui. C'est-à-dire, des indication sur ce que pouvait bien rechercher la foret de Renescure. M. Junel méfiant ne se compromit point, mais se me traita avec la plis grande courtoisie. Au cour de ma deuxième visite, voyant que j'étais sincère, il me déclara que si mon chef pouvait lui donner « un message », il ne verra plus aucune opposition à entrer en contact avec lui. M. JUMEL et moi convînmes du texte de ce message : TOM MIX ATTEND RECEPTION. Toute contente, je regagne Lille et demande à LAMBERT de faire passer ce message au plus vite. Je dois dire que son attitude me surprit : il s'étonna de mon imprudence, je m'étais trop avancée auprès de M. JUMEL, on ne savait jamais à qui l'on avait affaire etc.. Cette scène fut si magistralement jouée que pas un instant le doute ne me vint. Entre temps je poursuivais mes voyages d'informations militaires sur les côtes, repérais des V.1., prenais des clichés, à l'aide de M. Gérard MAHIEU, d'ARMENTIERES, alors chauffeur O.T. à LUMBRES, pension DECROIX, j'établissais des cartes, signalant les points névralgiques. Je ne me doutais pas, lorsque, ai péril de ma vie, je me glissais dans des chantiers, lorsque, harassée par quinze, vingt kilomètres à pied à la recherches de quelque chose d'intéressant que je remettais le fuir de mes observations

au chef du contre-espionnage allemand pour la Somme, Seine Inférieure, le Nord et le Pas de Calais.
LAMBERT prenait connaissance de mes rapports avec le plus grand sang-froid. Pas un instant, son attitude n'éveilla mes soupçons. J'insiste sur le fait qu'il ne se trahit jamais, et joua jusqu'au bout, son rôle d'Irlandais en mission spéciale pour le compte d'Intelligence Service. Sa méthode de travail, **avec moi**, consistait en ceci :

Je devais :
1) Partir en voyages sur les côtes, (avec un faut permis), relever tout ce que je pouvais trouver d'intéressant quant au V.1.
2) Si, par hasard, si je faisais la connaissance de personnes travaillant pour l'Angleterre, les aider... Cette aide consistait à fournir des faux papiers, des faux tickets d'alimentation (allemands, le plus souvent, mais la encore du prétendu agent à l'Organisation Todt, ceci n'éveillait pas ma méfiance) voire des armes. Edmond KAISER, fut en pourparlers avec Lambert et moi-même pour des mitraillettes, qu'il ne reçut, évidemment jamais.
3) S'il arrivait à ma connaissance qu'un affilié à I.S. fut privé de contact avec Londres, le lui signaler immédiatement. Et c'est á ce sujet que je fis la connaissance de Jean Bertocchi, vers la fin de Février 1944.

Rapports avec Jean BERTOCCHI
*Jean Bertocchi me fut présenté par LAMBERT, à la Taverne Parisienne, 158 Rue de Paris, Lille, vers la fin de février 1944. Il portait le nom de Pierre BLANCHARD. D'emblée, ce très jeune homme me fut sympathique. Il me parut être dévoué corps et âme à la cause que lui, aussi bien que moi, croyions servir. J'ignore son passé : mais je réponds de lui, sans arrière pensée, pour tout le temps où nous travaillâmes ensemble de fin février à fin juillet 1944. Si je suis parvenue à démasquer LAMBERT, si, avant de quitter Lille, le 24 juillet 1944, 83 personnes furent sauvées de la Gestapo, c'est en grande partie à Jean Bertocchi qu'en revient la mérite. Je n'ai pas hésité de me confier à lui. Il a avec moi, de toutes ses forces, joué cette terrible partie contre LAMBERT et sa bande. Il m'a aidée à repérer ses complices. Il a prévu les patriotes, sur le point d'être arrêté, partout où je l'ai envoyé aux fins de l'identification de LAMBERT, il est allé. Il a fui avec moi. LAMBERT **savait** que je l'avais démasqué, signalé au War Office, à LIBERATION. Bertocchi était armé ; si vraiment un doute restait quant à la parfaite innocence le fait qu'il ne m'ai pas supprimée, au cours de notre fuite. Serait une preuve indiscutable de sa bonne foi. On ne pourrait même pas objecter qu'il reçu, éventuellement, l'ordre de Lambert de paraître faire cause commune avec moi, afin de pénétrer chez les amis que je pouvais avoir à PARIS. Il ne faut pas oublier que notre fuite date de 24 au 26 juillet 1944, que les choses allaient très mal pour les allemands qu'il n'était plus question, pour eux, de réussir un coup de filet de grande envergure, mais de tuer, sans procès, qui travaillait pour Londres ou pour la France.*

Missions pour LAMBERT avec BERTOCHI

Avant de me présenter Bertocchi, Lambert m'informa qu'une jeune agente du Front National de Valenciennes, Marie Louise COLIQUER ou COLIQUET avait fait la connaissance d'un agent de notre service, Blanchard (Bertocchi). Cette jeune fille était chargée par son chef de prendre contact avec moi. Je reçus l'ordre de partir avec Bertocchi pour Valenciennes d'y rencontrer Marie Louise COLIQUER et d'entamer les négociations. Ce voyage qui se termina par notre arrestation, à Bertocchi et à moi eut lieu au

Valenciennes, Hotel de Ville

début de mars. On peut en retrouver la date exacte chez M. le Commissaire MOULIN, qui nous fûmes conduits, Bertocchi et moi. Le soir de notre arrivée à Valenciennes, Bertocchi me présenta, comme agente I.S., Marie Louise Coliquer, près de l'usine où celle-ci travaillait vers 17 heures. Pressée Melle. COLIQUER me pria de revenir le lendemain à midi, m'assurant qu'elle amènerait « quelqu'un ». J'ignore si Melle. COLIQUER est à l'origine de notre arrestation mais le « quelqu'un » que nous trouvâmes au lieu de rendez-vous, Bertocchi et moi, fut trois inspecteurs en civil, qui nous conduisirent au commissariat. Je dois dire que je n'ai pas très bien compris **pourquoi** et **comment** il fut possible de ressortir ce commissariat. M. Le Commissaire Moulin s'exclama « Encore » quand Bertocchi, le premier entra. M. Le Commissaire Moulin examina nos papiers, me demanda ce que je faisais à Valenciennes. Me modelant sur l'attitude de Bertocchi, je répondis « je suis une de ses amies, c'est tout ». M. Le Commissaire Moulin haussa les épaules et nous permit de nous retirer. Ahurie, je demandai des explications, à Bertocchi qui me répondit ceci : **ce n'était pas la première fois qu'il se faisait arrêter. La première, il s'était confié à M. Le Commissaire Moulin, qui l'avait fait filer. M. Le Commissaire Moulin le connaissait,**

en tant qu'ex partisan [sic] du Front National. – Et pourquoi tu n'es plus au Front National ? – Parce que mes copains ont été arrêtés. Alors, j'ai connu LAMBERT, et il m'a pris avec lui.- Voila toute l'explication de cette arrestation.
Je portais sur moi des tickets de rationnement allemands : J'ai déjà dit plus haut que LAMBERT me remettait presque exclusivement des tickets allemands. Le prétendu agent I.S. de l'Organisation Todt étant chargé d'assurer les besoins du service pour les tickets.
La fureur de Lambert, de nous voir, comme convenu à 15 heures précises Bertocchi et moi au café de la Gare de Valenciennes, m'a donné beaucoup plus tard à penser que ni Bertocchi, ni moi, grâce aux bons soins de Melle COLIQUER, n'aurions du revenir de notre arrestation. Sur le moment cette fureur me parut normale, nous fûmes vivement tancés, Bertocchi et moi, pour notre imprudence. Surtout Bertocchi, qui, connaissant à fond Valenciennes, aurait pu informer d'une manière plus précise au sujet du loyalisme de Mlle. COLIQUER. Il fut même question de supprimer celle-ci... Mai ce projet ne fut jamais exécuté et pour cause. Je crois pouvoir dire que si l'on se donnait la peine de chercher dans les traces de la Gestapo de Valenciennes on y retrouverait **peut-être**, Melle Coliquer. Là encore, LAMBERT joua son rôle d'une manière magistrale. Il m'interdit de sortir pendant deux jours. Il valais mieux ralentir un peu mon travail. Et surtout, changer d'identité. A partir de l'incident de Valenciennes je pris le nom de **Thérèse Le Quesnoy**.

Seconde mission avec BERTOCCHI

Le surlendemain, nous partîmes ensemble, Bertocchi et moi pour un sanatorium aux environs de Valenciennes, (Bertocchi se souviendra exactement de l'endroit, il fut chargé de l'itinéraire) où nous contactâmes un Parisien de Roubaaix, M. LAMPE, dont l'état de santé inspirait de vives inquiétudes. J'avais reçu, de Lambert, l'ordre de me mettre à la disposition de M. LAMPE dont tous les amis avaient été arrêtés, afin de l'aider, le cas échéant, à reconstituer un groupe de sabotage ... Je n'ai compris la retorse perversion de Lambert, que plus tard ; non seulement M. LAMPE était mourant au sanatorium des suites de sa magnifique conduite. – des hauts faits de M. LAMPE ne sont certainement oubliés des Partisans de Roubaix. –mais il fallait encore tenter de lui extorquer les noms des futures victimes ... Je voudrais essayer de faire comprendre l'humiliation, le dégout l'accablement qui furent les miens, lorsque, de juin 1944, je me rendis compte de tout cela ...

PREMIERS DOUTES SUR LAMBERT

Vers la fin du mois de Mai 1944, au cours d'un séjour à LUMBRES, j'appris que toute la Résistance de ce village, soit MM. CONSTANT, Me AVEZ, Notaire, une femme dont j'ai oublié le nom, tenancière d'un café, ainsi que son mari, avaient été arrêtés par le Gestapo, **en Novembre 1943**. (à cette époque je ne connaissais pas Lambert, ni Stael) J'appris qu'ils avaient été en contact, MM. Constant tout particulièrement, avec un agent I.S. nommé Marcel.

Je pensai que c'était peut-être STAEL, et je lui demandai, s'il avait eu affaire à la Résistance de LUMBRES. Il me répondit qu'en effet, Madeleine Gorman et lui-même avaient travaillés avec MM. CONSTANT et que ceux-ci lui avaient été très utiles. Je ne trouvai rien de suspect à cela, jusqu'au jour, où, vers le 8 juin, à CASSEL, j'ai appris que M. GHORIS, membre d'un mouvement de Résistance, arrêté par la Gestapo, vers la fin de 1943, avait, lui aussi, été en rapport avec un certain MARCEL. Cette fois ci, je ne parlai point de cela à STAEL, et commençai à trouver étrange le cas de M. GHORIS et celui de MM. CONSTANT. Profitant de l'absence de LAMBERT, alors en voyage, d'information dans les Ardennes, je commençai une enquête sur mon chef. Je n'avais encore **aucune preuve**. Mais les soupçons que m'avaient causés la corrélation des arrestations de toutes les personnes qui avaient été en rapport avec STAEL, sans que celui-ci fut jamais inquiété, exigeaient, de ma part, une vérification.

Cassel, Hôtel de Noble Court

Le 16 juin 1944, un fait se produisit, qui fut pour moi la preuve indiscutable de la duplicité de LAMBERT.

Un envoye spécial à LILLE du Gouvernement d'Alger, M. CHARPIN, fut présenté par la Résistance de LILLE à MARCEL STAEL. M. CHARPIN venait en France en vue de la révision à apporter, après la victoire, au mouvement préfectoral. N'étant pas satisfait de M. CARLES, alors Préfet du Nord, la Résistance de Lille, proposa à M. CHARPIN, en présence de Marcel STAEL, son candidat : M. VALADON, oncle de CHRISTINE GORMAN. (La femme de ce M. Valadon, que je n'ai pas connu personnellement, était employée à la Croix Rouge). Persuadé de se trouver devant un représentant d'I.S. N. CHARPIN fit sans méfiance ... mais n'en revint pas.

J'appris cela par MADELEINE (Christine GORMAN) qui s'étonna ingénument de ce que son oncle n'ait pas été inquiété. Je ne connais pas suffisamment CHRISTINE GORMAN pour répondre de sa bonne foi. J'ai toujours éprouvé envers elle une certaine méfiance. Je n'ai pas songé une minute à lui faire part de mes doutes quant à la réelle activité de LAMBERT et de STAEL. L'intimité de STAEL et de Christine Gorman me fait redouter que celle-ci me trahit auprès de son ami, si je lui avais parlé franchement. Malgré cette méfiance, je persiste à m'efforcer de croire que lorsque

CHRISTINE GORMAN fit, dans un train, la connaissance de mon mari, elle était **vraiment** digne d'estime. Depuis, je ne sais pas.

CHRISTINE GORMAN est actuellement détenue à Lille. Par mon mari j'ai appris que sa mère, Madame GORMAN, m'avait écrit à Paris 15 Rue Manin, pour me prier de témoigner en faveur de sa fille. Je n'ai jamais eu connaissance de cette lettre. Tout ce que je puis faire est de dire que si l'on peut prouver que CHRISTINE GORMAN fut de 1941 à Juillet 1943 détenue à la prison de Montpellier, pour intelligence avec l'Angleterre, ainsi qu'elle l'a prétendu, alors, je veux bien croire qu'elle fut la dupe de STAEL.

A partir de l'arrestation de M. CHARPIN, n'ayant plus aucun doute quant à la destination des renseignements que je fournissais à LAMBERT, je considérai comme un devoir de réunir le plus d'informations possibles sur sa bande et lui. J'étais **seule**, mon mari ayant quitté Lille, pour une destination inconnue de moi, le 28 mai 1944. Mais je me refusai le droit de fuir, avant n'avoir fait toute la lumière sur cette affaire. Je commençai mon enquête et, peu à peu, - ce fut très difficile, et du fait de mon peu d'expérience, me pris beaucoup de temps que cela n'en aurait demandé à un professionnelle -, je découvris ce qui suit :

LAMBERT NE FAISAIT PAS PARTIE D'INTELLIGENCE SERVICE.
Il était en réalité le chef du Contre-Espionnage allemand pour les quatre départements français de Somme, Seine Inférieure, Nord et Pas de Calais.

J'arrivai à cette conclusion au début du Juillet 1944. A ce moment je me confiai à Jean Bertocchi, qui d'emblée, m'assura que je pouvais compte sur lui. Il n'ignorait pas non plus que moi, le danger que nous courions à combattre, **tout seuls, sans l'appui e quiconque**, Lambert et sa bande.

J'envoyais une première lettre d'alarme à M. Paul VERNEYRAS, 5, Rue Manin à PARIS. – M. VERNEYRAS est membre du Comité Directeur de LIBERATION. Je le supplia, dans cette lettre de bien vouloir aviser mon mari, si toutefois il savait où ce dernier se trouvait alors, d'envoyer quelqu'un me chercher. Je n'obtins pas de réponse de M. VERMEYRAS. Cependant BERTOCCHI et moi nous poursuivions nos enquêtes, et voici les renseignements que nous avons pu recueillir sur le contre-espionnage allemand.

Chef Alfred LAMBERT (ou Jean Pierre DELTOUR) né à ORAN le 3 mai 1904. LAMBERT est probablement **le Commandant ARENDT**, de la section « Abwehr der Widerstandsbewegung ». Signalement: Taille 1m 76, Cheveux châtains, Yeux bleus, Menton fuyant, Très maigre, Mains petites, doigts spatulés, Démarche « en canard », Signe particulier : Très forte myopie, porte constamment des lunettes, Numéro de voiture : 3048NA8 et 6570MC5.

Agents :
MARCEL STAEL *actuellement détenu prison de LILLE. Il faut absolument instruire l'affaire Bertocchi avec celle de STAEL. Stael, à ma connaissance, ne connaisse pas Bertocchi, mais il* **doit** *parler.*
LEGRAND Madeleine *(Christine GORMAN actuellement détenue à Lille) qui a travaillé avec LEGRAND* **doit** *fournir sur lui tous les renseignements désirables. LEGRAND, que LAMBERT chargea, le 21 juillet 1944, de me supprimer, rassemble étrangement l'acteur Pierre Renoir.*
ARMAND, *sujet belge, très connu au café du Théâtre à LILLE.*
FLORA *ou* **MONIQUE**, *maitresse de LAMBERT très connue au bar "Chez Yvonne" et au Bar de Commerce, rue Béthune à LILLE.*
MAX MASSON, *homme d'une soixantaine d'années, au fort accent anglais, se disant colonel anglais. (voir rapport Edmond KAISER)*

Ce réseau se donnait pour un réseau d'Intelligence Service. Ses buts étaient les suivants :
Informations militaires :
1) *Fournir aux mouvements de résistance en liaison avec Londres ou Alger, de faux renseignements sur la machine de guerre allemande, afin de préserver les réelles dispositions de défense, en cas d'un débarquement allié.*
2) *Envoyer des agents "en confiance" [V-Leute] ainsi que je le fus, en tournée d'information, afin de voir jusqu'à quel point le secret de ces dispositifs sont tenu pour efficace.*

ABWEHR DER WIDERSTABDSBEWEGUNGEN
Toujours en se donnant pour anglais, entrer en contact avec les groupes de Résistance et, sous prétexte de les aider, en fournissant des tickets, faux papiers, argent, munitions, armes, fait, par la Gestapo, arrêter les uns après les autres les membres de ces mouvements.
3) **Recherches des pilotes accidentés.** *Toujours en jouant le rôle de bienfaiteur, fournir à ces malheureux des faux papiers, de l'argent, des vêtements civils, et puis, ensuite, les faire monter dans un avion à destination de l'Allemagne ...*

DERNIERS JOURS A LILLE
Dès le 16 juillet, j'avais alerté définitivement trois de mes amis: M. VERMEYRAS, 5 rue Manin Paris. M. George RAYMOND, 2 villa Dancourt Paris. M. Adrien CLEENT[?], à SARTOVILLE à cette époque. Dans chacune de mes lettres, j'affirmai pouvoir tenir encore une quinzaine de jours. J'avais, outre à me garer de diverses tentatives d'assassinat, sur ordre de Lambert, à mettre en sûreté 83 personnes, de LILLE et des environs. [...]

Topp dans son Appartement à La Madeleine, 2 Avenue Verdi (1944)

Déjà au début d'avril 1944, Friedrich Topp avait quitté son appartement de Lille et emménagé dans un appartement situé dans une maison 2, avenue Verdi à la Madeleine. Dans cette maison est venue vivre également sa petite amie **Flore Rouxel.** La relation entre elle et Friedrich Topp est l'une des histoires d'amour les plus tragiques qu'il ait existé entre un Agent Secret allemand et une jeune femme française. Flore Rouxel a donné naissance à un garçon à Lille, trois jours avant la capitulation du Reich allemand, et elle lui a donné, comme troisième prénom, celui de son amant, qu'elle a prétendu ne pas connaître afin de ne pas être poursuivie par la Résistance et qu'on lui rase la chevelure. Quand, en 1947, Friedrich Topp a voulu la revoir après sa captivité, elle était mourante dans un sanatorium atteinte de tuberculose.

La Madeleine, 2 Avenue Verdi (mai 1944)

Flore (F. Julienne Marie) ROUXEL est née à Lambersart en 1922. Son père Gustave, un postier breton, était propriétaire d'une maison dans la municipalité de Lambersart au Nord de Lille. C'était un homme respecté dans son quartier. Il avait été gravement blessé lors de la première guerre mondiale et avait été secouru, sur le champ de bataille, par un soldat allemand. Il n'avait donc aucune rancune contre les Allemands; mais lorsqu'il a appris, au début de l'année 1944, que sa fille était tombée amoureuse d'un Allemand, il a exigé qu'elle mette immédiatement fin à cette liaison. La très énergique Flore, âgée alors de 21 ans, qui exerçait le métier de coiffeuse, a refusé et elle a quitté la maison familiale après une dispute. Elle a d'abord emménagé chez une amie pendant un mois puis s'est installée dans l'appartement de Friedrich Topp à La Madeleine, 2 Avenue Verdi.

Le jour où elle a rencontré Friedrich Topp au Café du Maroc (aujourd'hui "Café Citoyen") Place du Vieux Marché aux Chevaux, elle ne pouvait pas connaître sa véritable identité en raison de ses compétences linguistiques exceptionnelles; mais au plus tard, à La Madeleine, elle a appris l'activité de Topp en tant que Dirigeant d'Agents à l'Ast d'Arras. Non seulement Friedrich Topp mais aussi Annie Nissen et Erwin Streif ont certifié, plus tard, que Flore n'a été, à aucun moment, un Agent mais seulement l'amante de Friedrich.

Les notices de Topp sur l'arrivée à l'Avenue Verdi à La Madeleine
(Brochure de cartes postales de la succession de Topp)

Les coopérateurs de Topp de Belgique et d'Irlande.

L'un des informateurs de Friedrich Topp à Lille était, dès le début, l'Irlandais Frank Bellew, que Friedrich Topp rencontrait "presque chaque soir" au *Café Mikado*.
Frank Bellew, qui connaissait, selon ses dires, tous les bars de Lille et où il prétendait être un représentant commercial, a rejoint le service externe du OFK/NVA 17, rue Jeanne d'Arc pour l'Alimentation et l'Agriculture par l'intermédiaire de l'interprète Ricken, là où Friedrich Topp a également travaillé en décembre 1943. Pour les articles de cantine des occupants allemands à Lille, Frank Bellew entretenait des relations avec la Maison Vermaele, qui appartenait à la firme des confiseurs Dupont. En mai 1944 Frank Bellew a présenté à Friedrich Topp Walter Licop, de nationalité belge, lequel a été ensuite inscrit comme V-Mann (homme de confiance) à l'Ast d'Arras où il a reçu un salaire mensuel de 2000 frs plus les frais de voyage. Walter Licop était également protégé par Armand Nissen (voir page suivante) pendant ses activités. Au début de 1945 Walter Licop aurait été arrêté.

Les plus proches et premiers coopérateurs de Friedrich Topp ont été **Armand et Annie Nissen**, un couple belge. Ils sont devenus membres enregistrés de l'Ast d'Arras après une conversation entre Friedrich Topp et Karl Hegener en janvier 1944. Ils ont reçu le nom de code Desmond ainsi qu'un paiement mensuel de 2500 frs pour Armand et de 1500 ou 2000 frs pour Annie, sommes leur étaient versées contre reçu émis par Friedrich Topp ou Josef Kanehl. Friedrich Topp a connu Armand Nissen, alors qu'il était employé, dès 1941, comme chauffeur et interprète à la Feldkommandatur, en raison de ses bonnes connaissances linguistiques. Depuis le début de 1942 Friedrich Topp et la famille Nissen habitaient 134 Boulevard de la Liberté à Lille, et une relation amicale s'est développée entre eux.

Annie Nissen qui exerçait le poste de concierge, recevait les visiteurs et prenait les appels téléphoniques. La tâche d'Armand était d'assurer la sécurité lors des réunions de Friedrich Topp avec d'autres personnes et de surveiller les agents français de l'Ast d'Arras.

La fuite de France et activités dans la zone du Reich (de septembre 1944 à avril 1945)

Le 1er septembre 1944, juste avant l'entrée des troupes alliées, Friedrich Topp avec Flore Rouxel, Egon Mayer avec Suzanne Durou et le couple Nissen ont fui Lille, chaque couple dans une voiture. Un certain Pierre Dubarry les a rejoint à moto, un homme qui est encore mentionné en mars 1945 dans l'entourage de Friedrich Topp, Egon Mayer et des Nissen et qu'Elisabeth Burnod a appelé, en 1946, dans son roman *Le Miracle des Violettes* "le chien Barry". Le jour suivant le convoi est arrivé à Mortsel près d'Anvers, où vivaient les parents d'Annie Nissen, la famille Schreurs avec leur petit fils Charles Nissen âgé de 14 ans. Là, la plus grande partie des bagages, principalement des textiles de haute qualité, a pu être déchargée parce que la maison de la famille Schreurs avait survécu, sans dommage, à l'attaque dévastatrice des bombardiers américains sur Mortsel le 5 avril 1943. Après une nuit passée sur place, le groupe de sept personnes a continué sa route via Harlem, près d'Amsterdam, jusqu'à Arnheim. Là ils ont reçu l'ordre d'Erich Heidschuch, par l'intermédiaire d'Erwin Streif et de Romberg, de rejoindre l'Etat Major de l'Ast d'Arras et les autres membres de l'Abwehr dans la petite localité de **Wiescheid** près de Siegburg (photo à droite), où ils sont arrivés vers le 20 septembre.

Comme Josef Kanehl l'a rapporté plus tard, un ancien communiste de Paris avait entre temps rejoint le groupe réuni autour de Friedrich Topp. Le capitaine Bialkowsky, dirigeant de la FAT (troupe de reconnaissance) est également arrivé à Wiescheid avec sa secrétaire allemande, l'Uffz (sergent) Todt, l'Ogf (caporal chef) Toeller avec sa petite amie française, l'Ogf Romberg alias Bébert, l'Ogf Paul, l'adjudant-chef Schrodt et les sergents, responsables des voitures, Schneidt et Schmidt. Josef Kanehl qui, d'après Friedrich Topp, avait quitté Lille à la fin du mois d'août "avec son groupe", les a rejoint à Wiescheid via Arnheim où Bialkowsky était son supérieur.

Au début du mois de novembre 1944, le groupe a été divisé: le commandant Walter Schwebbach a été affecté comme officier de Ic avec Hentges, Thomas, Pollet et Gabriel à l' Etat-Major du GK XXX AK à Meschede. La plupart des autres ont été affectés à des tâches de protection des Services Secrets autour du nouveau site de lancement de V1: Friedrich Topp, Paul et Todt dans la région d'Almelo aux Pays-Bas, Erwin Streif à Eitorf sur la Sieg, Egon Mayer au Bergisch Gladbach, Josef Kanehl à Freudenberg, Romberg à Gummersbach.

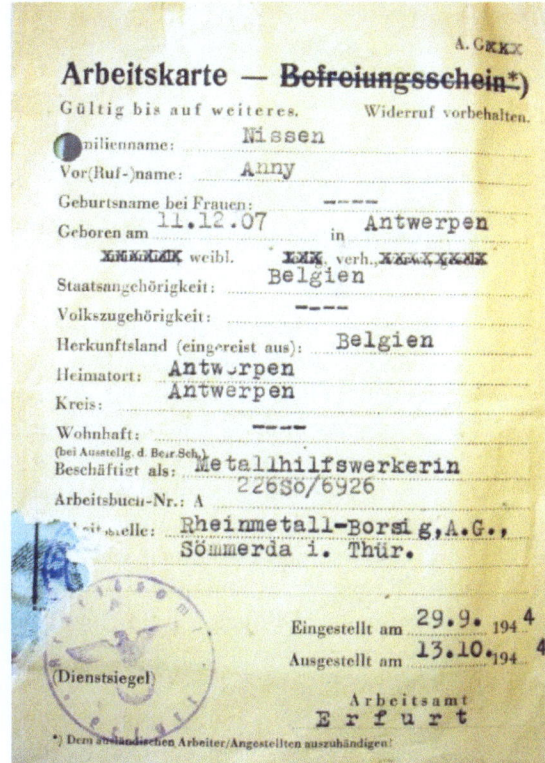

Ils avaient l'instruction explicite d'observer attentivement leur environnement de travail et de signaler tout élément suspect. Le couple Nissen ainsi que Flore Rouxel, en tant que coiffeuse et "ouvrière de quartier" et l'amie de Toeller ont été envoyés dans une usine de la Société Rheinmetall-Borsig à Sömmerda en Thuringe et Pierre Dubarry dans une fabrique en Rhénanie. Suzanne Durou a été autorisée à aller chez la mère d'Egon Mayer à Düsseldorf.

Le 3 janvier 1945, Flore Rouxel a été libérée à Sömmerda et est retournée avec le couple Nissen chez Friedrich Topp qui travaillait depuis le début de l'année à Ahaus, en Westphalie, près de la frontière Hollandaise. Selon les explications ultérieures de Friedrich Topp, ce dernier a quitté Flore, qui était alors enceinte, le 29 mars 1945. Elle est retournée en France dans un wagon de chemin de fer avec des prisonniers de guerre français, et elle a été enregistrée, le 15 avril, par le Ministère des Prisonniers de Guerre, de la Déportation et des Réfugiés. Elle a donné naissance, le 5 mai, à un fils dont Friedrich Topp, son amant, était le père.
Le père de Flore a recueilli sa fille avec son enfant dans sa maison de Lambersart, mais la jeune mère a contracté la tuberculose et en est décédée, trois ans plus tard, dans un sanatorium. Malgré son origine allemande, bien connue dans le quartier, le fils de Flore a été élevé avec amour par son grand-père Gustave et la plus jeune sœur de Flore. Il n'a aucunement été victime d'insultes, d'outrages, de propos diffamatoires ou autres désagréments pendant son enfance et sa jeunesse.

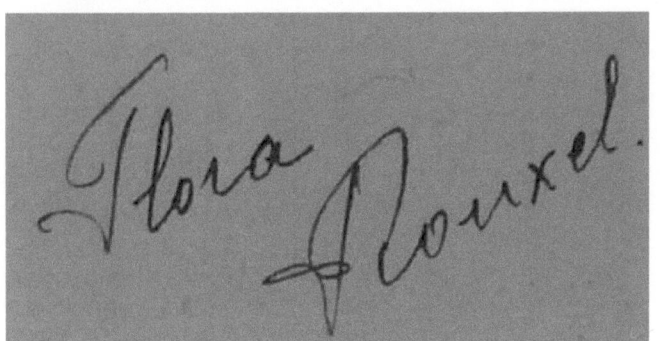

Signature de Flore Rouxel le 19.11.1945

La raison pour laquelle Flore Rouxel a suivi son amant en Allemagne n'était apparemment pas claire pour ses proches. Même Annie a précisé, après la guerre, qu'elle l'ignorait également: [Flora …] *is ook met ons mede naar Duitschland gevlucht, en gezelschap van den Duitscher in burgerkleedij, deze is ook in de fabriek werk zaam geweest; wwar zij nen verbalement is weet ik niet. Ik weet ook niet waarom zij uit Frankrijk gevlucht is.* Peut-être Friedrich Topp lui avait-il déjà promis le mariage, ce qui n'aurait toutefois été possible qu'après son divorce, ce qui est également confirmé par le fait que Topp, immédiatement après son internement en mai 1947, a obtenu le divorce d'avec son épouse et s'est rendu à Lille. Frappante est aussi la signature de Flore, en dessous de son témoignage devant le Commissaire de Police à Lille en novembre 1946: elle n'a pas utilisé son prénom officiel Flore, mais la forme de prénom "Flora" que Friedrich Topp utilisait et qui lui était probablement inspirée par le jardin botanique "Flora" de Cologne.

Après 17 mois de détention Friedrich Topp a été libéré le 26 mars 1947 du camp d'internement britannique de Recklinghausen-Hillerheide. Deux semaines après il s'est adressé à un ancien détenu, l'avocat Bornheim à Hennef/Sieg, à propos de quelques questions juridiques sur le divorce. Bornheim lui a répondu très aimablement et lui a donné gratuitement des instructions détaillées, entre autres pour la récupération possible de deux précieuses bagues pour dames. Bornheim a terminé cette lettre du 24 avril 1947 par une remarque des Services Secrets:

Pater Filucius spurt nicht, wie Sie weitergeben können. Ich selbst muss auf Warnung hin mich völlig heraushalten.

Le "Pater Filucius", mentionné par Oscar Reile en 1962 dans son livre Geheime Westfront (Front Occidental Secret) était apparemment le luxembourgeois Robert Aletsch, qui a connu un grand succès dans le contre-espionage de l'Abwehrleitstelle de France, qui, à l'époque de la lettre, était en prison depuis longtemps et a été exécuté en 1948. La remarque de Bornheim montre que, même en 1947, les anciennes structures de communication de l'Abwehr avaient été préservées.

Deux semaines après avoir déposé sa demande de divorce, Friedrich Topp s'est rendu volontairement, le 6 mai, de Cologne à Baden Baden en zone française où il devait témoigner, en tant que témoin, dans le cadre du procès intenté à Edmond Kaiser (chapitre IV). De là il s'est rendu à Lille, en passant par Paris, en compagnie des Services Secrets français. Quelques semaines plus tard il a été arrêté suite un Mandat d'Arrêt, datant de 1946, dont il faisait l'objet. Ce n'est que le 8 décembre 1947 qu'il a pu quitter la prison de Loos-en-Lille, libéré bénéficiant d'un "Non Lieu" et qu'il a dû retourner immédiatement en Allemagne en raison d'un ordre d'expulsion. Après le décès de Flore Rouxel, Friedrich Topp a contracté un second mariage à Cologne le 30 décembre 1948.

Friedrich Topp était constamment surnommé "Fredo" par ses amis. Il a toujours beaucoup lu depuis l'enfance et sa bibliothèque personnelle, qui a été conservée pendant la guerre, comprenait, non seulement, des récits de voyages en anglais et en allemand, mais aussi des ouvrages de Heine, Dickens, Flaubert et Sartre. Il possédait également plusieurs dictionnaires des langues anglaise, française, néerlandaise et espagnole. La profonde aversion de Topp pour l'utilisation incorrecte du langage était aussi bien connue dans sa famille que sa mémoire "photographique" et sa très bonne ouïe. Son attitude antireligieuse ne présentait pas, pour lui, d'inconvénient. Il aimait également se moquer des uniformes et des désignations de grade dans un style typiquement rhénan. Par exemple, il aimait donc se qualifier de "*sonderbarer Führer*" (dirigeant bizarre) en référence à son rang de "*Sonderführer*" (dirigeant spécial), aussi ridiculisant le "Führer" Adolf Hitler. Il a d'ailleurs écrit à ses parents, à l'automne 1943, après sa promotion au grade de *Feldwebel* (sergent-chef), qu'il était désormais un "*Sonderwebel*". La pensée nationaliste ou socialiste lui était étrangère.

SECRET.

WAR ROOM

INCOMING TELEGRAM.

Sent .... 26th March 1945
Received ... 28th March 1945 **ACTION COPY**
Channel ..... S.I.S.

Reference ... CXG.376
Case Officer ... W.R.C.4.
File 600.211

PARIS 26.3.45.

CXG.376 of March 25th.

W.R.

FOLLOWING FROM ESCORT.

A.B. DOC LILLE has/received a report that Frederick TOPP subject my report Z 19 of Jan 8th was arrested immediately after liberation ?and sent to UNITED KINGDOM.

C. Can you confirm that this is untrue.

DISTRIBUTION
2 O.S.S. (X-2)   1 W.R.E.
4 W.R.C.4.   2 spares
1 W.R.F.

Demande d'un bureau britannique au centre de guerre de Londres (Churchill "War Room") pour enquêter sur Friedrich Topp. Cette demande a apparemment été faite sur la base des déclarations d'Erwin Streif depuis le début janvier 1945; TNA, Gorman (The National Archives).

```
Vor dem 31.5.45 entlassene ausländische Arbeitskräfte
                     F r a n z o s e n
                     = = = = = = = = =

Name:          Vorname:       geb.am        gearb.v.bis      Invk.   Steuerk.BAP.

Zorn           Georges        27.2.43-2.5.44 geb.11.5.05      1        -          -
...ski         Irene          ...           ...               1        1          -
Vernassiere    Rémy           28.9.18       29.6.42-15.9.42   1        -          1
Vascrio        Jean Humbert   11.12.20      26.3.43-10.2.44   1        -          -
Voisin         Rémy           31.12.12      23.12.42-25.1.44  1        -          -
Valette        Louis          1.7.16        10.3.43-17.4.44   1        1          -
Vigne          Jean           3.3.21        22.3.43-17.4.44   1        -          -
Vogini         Rosa           15.1.20       23.11.42-17.4.44  1        -          -
Vogini         Jacques        1.1.20        24.11.42-17.4.44  1        -          -
Violette       Marcel         11.1.19       23.12.42-22.11.43 1        1          -
Terrier        Fernand        5.5.19        8.1.43-4.2.44     1        1          1
Texier         Michel         17.6.21                         1        -          1
Touchard       Eugene         1.11.19       22.6.43-17.3.44   1        1          1
Troude         Gabriel        5.7.12        14.1.43-22.11.44  1        1          1
Tchataj        Ana            29.9.24       29.6.42-17.4.44   1        1          -
Thibaud        Emile          15.3.15       2.4.43-17.4.44    1        -          -
Touzet         Clovis         18.7.20       26.3.43-17.4.44   1        1          -
Tual           Robert         13.1.43       13.2.43-17.4.44   1        -          -
Talbot         Adrien         10.6.11       23.11.42-4.1.43   1        1          -
Thomann        Emile          7.4.21        15.1.43-17.4.44   1        1          -
Tancelin       Edouard        30.7.97       24.10.42-17.4.44  1        -          -
Tonzet         Jean           21.6.17       23.12.42-17.4.44  1        1          -
Twardowska     Sophie         17.3.22                         -        1          -
Thery          Gustave        16.5.21       11.10.43-7.1.44   1        -          -
Thys           Henriette      2.2.23                          -        -          1
Tissot         Raymond        24.1.07       20.11.42-17.4.44  1        -          -
Tirel          Reymond        3.11.18       23.12.42-25.1.44  1        -          -
de Stasio      Francois-      20.5.20       21.11.42-17.4.44  1        -          -
Sterpinch      Roger          16.11.10      23.12.42-25.1.44  xxxxx    -          -
Septier        Alfred René    18.9.97       25.3.43-5.12.44   1        1          1
Sliwinska      Agnes          4.12.24       6.7.42-31.12.42   1        -          -
Segaud         Jean           14.12.22      21.6.43-17.1.44   1        1          1
Sadowsky       Fedor          25.6.05       1.4.44-27.11.44   1        1          1
Savignac       Simon          12.1.27       22.1.43-25.1.44   1        -          -
Soldini        Robert         8.7.24        ont 10.6.12.43    -        1          -
Surau          Eli            14.12.11       "    26.8.43     -        -          -
Sermondadas    Adette         24.6.12                         -        -          1
Sellien        Roger          12.12.04       "    19.8.43     -        1          -
Saridan        Henri          28.9.20        "                -        1          -
Simon          René           14.1.14        "                -        1          -
Salavert       Maurice        20.3.21       27.4.43-17.4.44   1        -          -
Soyris         Pierre         31.12.11      10.3.43-17.4.44   1        -          -
Ragatke        Leon           20.12.19      22.6.43-15.9.43   1        1          -
Rouxel         Flore          22.1.22       2.10.44-3.1.45    1        1          -
Rouget         Marcel         3.11.22       22.6.43-31.12.43  1        1          1
Robledo        Paul           11.6.24       5.10.43-16.11.44  1        -          -
```

Extrait de la liste des travailleurs français de 1942 à 1945 dans les usines Rheinmetall de Sömmerda dans le Thuringe y compris Flore Rouxel; Arolsen Archives Internationnal Center on Nazi Persecution

Annexe: Déclaration de Topp devant la BST de Lille le 24 mai 1947.
(AJM Le Blanc, Topp)

*Vergnes Maurice à la Brigade de Surveillance du Territoire Lille,
Assisté de l'Inspecteur SOBRY Marcel, du service, Agissant d'office,*

Entendons le nommé TOPP Friedrich, 43 ans, correspondant en langues étrangères, domicilié à Cologne [...], actuellement à la disposition du service, qui nous déclare :

*« Je me nomme Topp Friedrich Menzies; je suis né le 3ème Mai 1904 à Cologne, fils de Wilhelm et de Amelia Wilson; de la nationalité allemande. Je me suis marié le 16ème Mai 1931 avec Cornelia Dobsky, avec laquelle j'ai deux enfants.
J'exerce la profession d'interprète-traducteur privé, avant ma mobilisation, en 1939, j'exerçais la profession d'un employé à la publicité de la firme "Eaux de Cologne 4711".
Je n'ai jamais été condamné tant en France qu'à l'étranger.
Je suis actuellement domicilié à Köln-Zollstock, Hermülheimer Str. 45. J'ai été libéré du camp d'internement anglais de Recklinghausen (Camp No 4) le 26 Mars 1947.
J'ai toujours habité Cologne où j'ai fait mes études à l'école Handelsrealschule.
Jusqu'à l'âge de 16 ans, ayant obtenu le certificat d'Etudes Secondaires.
Jusqu'à l'âge de 26 ans, j'ai travaillé en qualité d'un employé de banque, chez Josef Zeitel, chez Barceleys puis à la banque Oppenheim, de Cologne.
Depuis 1930 je suis employé de firme "Eaux de Cologne No 4711". Je n'ai jamais effectué de service militaire.
Je n'ai jamais appartenu au parti ni à une organisation affiliée, j'étais simplement au "D.A.F." "Front du Travail allemand", qui était une sorte de syndicat, et j'appartenais au N.S.V. "Org. Nat. Soc. de bienfaisance pour laquelle il était réclamé une cotisation mensuelle de 50 Pf.
J'ai été mobilisé le 27 Novembre 1939, en qualité d'un interprète, avec le grade de Sonderführer, assimilé au grade de sous-lieutenant. Envoyé à Elberfeld, puis à Jülich, où j'ai séjourné pendant trois mois, je fus ensuite dirigé sur Hamm/Westphalie dans une troupe administrative (Verwaltungstrupp). En mai 1940, je me trouvais à Bad Oeynhausen, le 12 de ce mois je fut envoyé avec la FK 569 en Bois Le Duc/Holland [s'Hertogenbosch], où nous avons séjourné pendant trois semaines, à la suite de quoi nous avons séjourné une semaine à Arras, puis une semaine à Cambrai. Le 21 Juin 1940, la FK 569 est arrivée à Lille, s'est installée face au Musée des Beaux-Arts, Bd. de la Liberté.
Courant 1941, la FK 569 est partie pour la Russie, elle fut remplacée par la FK 678, venant d'Arras, à laquelle je fut rattaché toujours en qualité d'interprète.
Mon rôle était celui d'un interprète-traducteur, chargé de recevoir les Français pour les laissez-passer et permit-de-sortir-de-nuit, et également les laissez-passer-particuliers*

pour la zone côtière. J'étais également chargé de contrôler des allemands qui travaillaient en qualité de civile pour les firmes particulières allemandes.

À mon arrivée à Lille, j'ai logé dans une chambre située dans un immeuble réquisitionné sis 179, Bd. De la Liberté. Cet immeuble n'était occupé que par le concierge et sa femme, chargés de garder l'immeuble. Seuls les membres de FK logeaient dans cet immeuble.

Par la suite, j'ai obtenue un appartement, vers la fin de 1940, au 47, rue du Maire André appartement situé dans un immeuble non réquisitionné. La propriétaire avait gardé son appartement ainsi que les locataires au rez-de-chaussée, je n'avais aucune relation particulière avec des dernières. Au début de 1942, j'ai quitté cet appartement à l'insu du Quartieramt, la propriétaire en profita pour logée une amie. À partir de cette époque, j'ai habité 134 Bd. de la Liberté, immeuble occupé par des membres de la FK ainsi que par le couple NISSEN.

NISSEN avait été engagé par la Kommandantur d'Anvers pour acheminé des voitures sur Lille, mais par suite de sa connaissance de la langue allemande, du français et du flamand Armand NISSEN demeura à la FK 569, en qualité de chauffeur, interprète en relation avec les civils, et ce à partir du début de Juillet 1940. La femme de NISSEN vint le rejoindre quelques mois plus tard.

Le beau-père de NISSEN, nommé SCHREURS, était propriétaire d'une usine groupant une dizaine d'ouvriers, fabriquant des selles de bicyclettes, à Anvers-Mortsel, 9 rue le Drap.

Jusqu'à Pâques [9. April] 1944, j'ai occupé l'appartement du 134 Bd. de la Liberté, mais à partir de cette époque [sic], je suis allé habiter à La Madeleine, 2 Av. Verdi, en compagnie du couple NISSEN.

J'ai poursuivi mon activité à la FK jusqu'en Décembre 1943, m'occupant du service des laissez-passer. En Décembre 1943, j'ai quitté définitivement la FK, pour le service d'agriculture et de ravitaillement de l'OFK 670, dont les bureaux se trouvaient rue de l'Arc. Entretemps, j'avais remplacé RICKEN à la Kreiskommandantur [KK] de Cambrai, pendant une durée de trois mois, courant 1943, vers la fin de cette année. RICKEN avait été changé pour une raison professionnelle.

Au début de Janvier 1944, je devais rentrer dans l'armée, par suite de mon âge. J'en ai parlé à MEYER et DEKONNIK dont j'avais fais la connaissance au service de laissez-passer et dont j'avais appris l'activité au profit de l'Abwehr. Ils faisaient partie à cette époque à l'Abwehr-Nebenstelle de Lille.

Le 15 Janvier, je recevais l'ordre de me présenter à Arras, au Cap. HEGENER. Je me rendais à Arras ou HEGENER me présentait au Chef du Service, le Ltn-Col. HEIDSCHUCH, Chef de l'Abwehr d'Arras, dépendant directement de Paris.

J'ai reçus la mission de rentrer à Lille et de me mettre à la recherche des espions du V1 et de recruter des agents destinés à s'infiltrer dans les réseaux de résistance.

J'ai sollicitais le couple NISSEN pour devenir des agents, ils ont d'abord répondu évasivement, puis à la suite d'ennuis avec son chef à la FK, NISSEN accepta et fut intégré comme agent. NISSEN reçut l'alias de DESMEDT et sa femme "femme DESMEDT".
NISSEN reçut à partir de cette époque, une somme de 2500 Frs. par mois et sa femme 1500 ou 2000 Francs. Cette dernière restait le plus souvent, Av. Verdi à La Madeleine, afin de recevoir les visiteurs et de répondre au téléphone, en outre s'occupait également de la cuisine.

Courant 1940/41, j'avais fait la connaissance dans un café, "Au Mikado", d'un Irlandais nommé Frank BELLEW. Il vivait assez largement, fréquentant tous les bars, se disant représentant de commerce. Je l'ai rencontré presque chaque soir, fortuitement, nos relations étaient amicales et n'eurent jamais d'autres raisons que de petits services que je lui rendis sous forme de laissez-passer. C'est RICKEN qui l'introduisit dans les services de l'OFK principalement au ravitaillement, rue de l'Arc. Frank BELLEW servait d'intermédiaire entre les maisons Vermakle, firme "Femina", DUPONT, confiseur à Lille, et les services de Mess et magasins dits "Marketenderei", entre autres, il fut en relations avec Mme. BERNDT.
Vers le mois de Mai 1944, Frank BELLEW me mit en relation avec un belge nommé Walter LICOP qui devient agent, "Homme de confiance" rétribué à raison d'environ 2000 Frs par mois, plus les frais de déplacement.
En me le présentant, Frank BELLEW savait qu'il s'adressait à un membre de l'Abwehr ou tout au moins d'un service de contre-espionnage allemand.
Au début de Janvier 1944, STREIF, agent du service III F d'Arras, me représenta une femme dont il m'avait parlé auparavant comme collaboratrice éventuelle, recherchée par la police allemande, qui aurait joué avec moi un rôle que Christiane GORMAN jouait avec lui, c'est-à-dire, l'agent d'infiltration dans les réseaux de résistance. Il me précisa que celle-ci, nommée Elisabeth KAISER, née BURNOD avait travaillé à la Gestapo de Paris comme interprète.
Je demandais à Elisabeth KAISER si elle voulait travailler pour l'I.S., me faisant passer pour Irlandais, pourtant le nom de LAMBERT, elle accepta. Je ne puis préciser si à cette époque, elle se rendait compte que j'étais allemand.
Cependant, il n'existait plus aucun doute, vers Avril, Elisabeth KAISER connaissait alors ma nationalité et ma qualité d'agent de contre-espionnage allemand.
Je lui remettais chaque mois une somme d'une dizaine de mille francs, je ne lui faisais pas signer de reçu, mais j'avertissais le service que "DIANA" qui était l'alias d'Elisabeth KAISER, avait reçu, sa mensualité.
"Diana" jouait le rôle d'agent de la résistance afin de pénétrer les "brèches" de la protection des armes secrètes, ainsi que les transports d'armes et de projectiles. Son activité se situait dans la région des Witzermes-St. Omer.

Je conduisais Elisabeth dans ma voiture, une traction avant Citroën, immatriculée française, mais je ne me souviens pas du numéro.

Les voitures dont je me servais n'appartenaient pas au service c'étaient des amis qui me les confiaient et à qui j'évitais la réquisition pour les avoir utilisées un certain temps. Entre autres, j'ai utilisé la voiture d'un avocat domicilié Bd. de la Liberté, dont j'ai oublié le nom, qui était un ami de NISSEN ou plutôt une connaissance de ce dernier.

Au cours d'une conversation que j'ai eue à la Taverne Parisienne, rue de Paris à Lille, au début d'Avril 1944, avec "DIANA" qui était devenue mon amie, j'ai appris de cette dernière qu'il ne lui faisait aucun doute qu'elle savait à la fois le métier que j'exerçais, ma nationalité, et ce depuis un temps, que je ne puis préciser, mais qui, à mon avis, remontait assez près du jour ou j'avais fait sa connaissance.

C'est "DIANA" qui a été ma principale collaboratrice, je l'ai accompagnée à plusieurs occasions, en voiture à St. Omer, mais je ne restais jamais avec elle. Elle était chargée de me remettre les rapports de son activité.

A partir du jour ou j'ai eu la certitude qu'elle savait pour qui elle travaillait effectivement, ses rapports avec moi ne furent pas modifiés, et elle poursuivit son activité comme jusque là. Vers Mai, Juin, j'ai procuré à "DIANA" un appartement situé a TOURCOING, rue Carnot, je crois, appartement situé dans un immeuble réquisitionné par les Allemands, cet appartement était celui qu'avait occupé l'Ortskommandant de Tourcoing.

Courant Avril, ou début du Mai 1944, le mari de "DIANA" Edmond KAISER, alias "MATTHIEU", alias "YVES", vint rendre visite à celle-ci, à la Taverne Parisienne. Je l'avais rencontré auparavant deux fois à Paris, alors, que j'étais en compagnie d'Élisabeth KAISER. J'avais été présenté comme M. LAMBERT, de nationalité irlandaise, travaillant à Lille pour le I. S., j'ai l'impression que STREIF avec lequel il était en relations l'avait mit au courant de ma position.

Lors de son premier voyage à Lille, Edmond KAISER déclara être venu rencontrer un membre de la Résistance du Nord. Il revint courant Juin-Juillet. Je le rencontrais alors à la "Taverne Parisienne", il me déclara alors assez haut pour être entendu des propriétaires qui se trouvaient dans le café, qu'il "était traqué par la police allemande". Edmond KAISER logea chez sa femme, rue Carnot à Tourcoing. Deux ou trois jours plus tard KAISER quittait Lille, sa femme me confia par la suite qu'il lui avait fait parvenir de ses nouvelles, pour ma part, je ne le revis jamais.

En Janvier 1944, j'avais fait la connaissance d'une nommé ROUXEL Flore, née le 22 Janvier 1922 à Lambersart dont le père était employé des P.T.T. à Lille. Elle ne fut jamais inscrite au service, bien que connaissant mon activité, elle n'eut jamais à intervenir dans une question intéressant l'Abwehr. Elle habitait avec moi, lorsque j'habitais Av. Verdi à La Madeleine.

Le 1er Septembre 1944, le service d'Arras qui avait été transporté à Borest, vers le 15 Mai, fut acheminé en direction de Bruxelles. J'étais encore accompagné des époux NISSEN, de Flora ROUXEL, Egon MAYER et Suzanne DUROU, Pierre DUBARRY. KANEHL avait quitté Lille avec un autre groupe le jour même ou la veille de mon départ.

Après avoir gagné Appeldoorn, en Hollande, nous avons atteint VELP, près d'Arnheim, ou nous avons séjourné jusqu'au 17 Septembre, jour de bombardement d'Arnheim, le 18, nous sommes arrivés à Duisburg.

Le groupe composé de l'équipe de KANEHL, de l'équipe de STREIF et d'autres membres des services administratifs, soit une vingtaine de personnes, a séjourné à Wiescheid, près de Siegburg, pendant plus d'un mois.

Le 24 Octobre, je fus envoyé à Almelo, pour travailler avec le Bauleitung SCHRODT, pour accomplir la même mission que celle que j'avais réalisée dans la région de St. Omer. C'est là que HENTGES, la FRAPPIER et Mme. HENTGES sont venus me rejoindre, dans le but de m'aider, rien d'utile ne fut réalisé, et une semaine avant Noël, Egon MAYER me remplaçait, j'étais affecté à Ahaus, (Allemagne), le 24. Décembre. Je devais poursuivre mon activité qui s'avérait nulle par suite du manque de moyens mis à ma disposition.

Les époux NISSEN se trouvaient alors à Sömmerda, près d'Erfurt, ils travaillaient tous deux, ainsi que Flora, mon amie, et l'amie d'un agent allemand de LISIEUX, à l'usine "Rheinmetall".

Les époux NISSEN et Flora me rejoignirent à Ahaus, et me tinrent compagnie jusqu'au Vendredi [29 mars] précédent Pâques 1945. À cette date, j'ai quitté Flora dont je n'ai pas de nouvelles depuis cette époque. Les époux NISSEN m'accompagnèrent à Hengslo, puis Almelo où nous avons retrouvé KANEHL, puis Egon Meyer et Suzanne DUROU, ainsi que les autres membres agents.

De là nous avons gagné Neuenhaus, ou Egon MAYER et Suzanne DURONT se sont mariés le lundi de Pâques. [2 avril 1945]. En nous dirigeant vers l'Est, nous avons atteint Gherde, ou Suzanne DUROU et les époux NISSEN se réfugièrent dans une ferme située à une dizaine de kilomètres de là, tandis que le groupe poursuivait sa marche vers l'est pour gagner la rive droite de l'Elbe. Le 12 Mai, en compagnie de KAHNEL, nous avons abandonné le reste du groupe et nous sommes rentrés chacun de notre côté, pour ma part, j'ai gagné Wiedenest, (Rhénanie).

J'ai été arrêté quelques mois plus tard alors que je travaillais comme traducteur pour le Gouvernement militaire sur dénonciation d'un allemand.

Interné au camp anglais de Recklinghausen, j'ai été libéré de ce camp le 26 Mars 1947 et j'ai actuellement regagné mon domicile, située à Cologne.

(Lectures faite, persiste et signe. Le Commissaire de Police)

Chapitre IV
L' amer chemin vers "Terre des Hommes"

1. Edmond Kaiser dans la Résistance: le narratif

Edmond Kaiser, qui a fondé les Organisations d'Aide "Terre des Hommes" et "Sentinelles" respectivement en 1960 et 1980, est né à Paris en 1914, fils d'une famille de petits commerçants de confession juive. Après la mort précoce de son père, il a grandi avec sa mère, qui dirigeait un petit commerce dans la rue des Battignoles. Il rendait souvent visite à son oncle, Armand Kaiser, qui possédait une villa à Lausanne et qui, après le décès de son épouse, s'était remarié avec la mère d'Edmond. C'est lui qui avait conseillé à son neveu d'aller en Allemagne, pendant un an, chez ses parents au lac de Constance pour apprendre l'Allemand. (1931/1932).

Edmond Kaiser s'est marié en 1936 avec Elisabeth Burnod et travaillait, à cette époque, comme employé à la Société Phillips à Bobigny, dans la banlieue parisienne. Le jeune couple a d'abord habité dans le 18ème puis dans le 19ème arrondissement, 15 rue Manin avec leurs deux enfants nés en 1937 et 1939. Au début de l'année 1940, il s'est engagé dans l'armée comme volontaire et a reçu deux Croix du Mérite de Guerre en juillet, parce qu'il avait sauvé la vie de soldats blessés au front. En raison de leur ascendance juive, lui et sa fille craignaient une poursuite après l'occupation de Paris par la Wehrmacht en juin 1940.

Début mars 1941 son fils bien aimé Jean-Daniel, âgé de deux ans, a été victime d'un accident tragique, une blessure extrêmement profonde dans la vie d'Edmond Kaiser qui a tenté d'assimiler sa douleur dans un livre (*Mémorial d'une poupée*) et deux volumes de poésies non publiés (*Non plus que pleurs et Bel Éventaire à l'enfant sage*). On ne sait rien de plus sur ses occupations secondaires de 1942 à la moitié de 1943.

Tout d'abord, les événements suivants de 1943-1944, c'est-à-dire pour ce qui concerne les activités de Kaiser dans la Résistance, telles qu'elles ont été présentées dans les médias depuis les années 1960 et notamment (au moins en partie) dans le livre de Kaiser "*La marche aux enfants*" en 1979, ces activités ont été décrites de manière très détaillée et intégrées dans un grand cadre d'humanité noble.

En été 1943, de retour d'une visite à sa fille en Suisse dans le train de Lyon à Paris, Kaiser a remarqué une jeune femme aux yeux bleus d'une beauté saisissante qui se faisait appeler "Madeleine" et qui lui a raconté, qu'elle avait passé deux ans en prison pour ses activités pour l'I.S. (Services Secrets britanniques). Au mois de septembre elle a vécu plusieurs semaines chez Kaiser dans son appartement de Paris et un jour, elle a amené deux hommes, "Marcel" et "Legrand", qui ont déclaré qu'ils travaillaient pour l'I.S. dans la région de Lille. Kaiser leur a demandé s'il pouvait lui-même travailler également pour l'I.S. mais sa demande a été rejetée parce que son attitude était jugée trop idéaliste. "Madeleine" s'est ensuite rendue dans sa ville natale de Lille, accompagnée des deux hommes, où elle a travaillé en étroite collaboration avec son amant "Marcel".

C'est pourquoi, en octobre 1943, Kaiser a contacté la résistance à Paris et a reçu l'ordre du Chef du Mouvement *Libération-Nord,* Roger Priou, appelé "Priou-Valjean", de créer un Réseau sous le nom de code "Jean Rameau" dans le 19ème arrondissement. Peu de temps après, "Marcel" accompagné de "Madeleine" est revenu plusieurs fois à Paris, où Kaiser l'a présenté aux membres dirigeants de *Libération-Nord,* ce qui a donné lieu à une réunion commune entre "Marcel" et Priou-Valjean.

Lorsqu'Elisabeth Burnod est revenue à Paris en décembre 1943, elle a demandé à son mari un emploi à *Libération-Nord*. Kaiser a refusé arguant qu'elle devrait plutôt rester dans l'I.S. et a demandé à "Madeleine" si sa femme pouvait travailler avec elle. A la mi-janvier 1944 "Marcel" est apparu chez Kaiser accompagné d'un "Max Masson", qui a déclaré de travailler également pour l'I.S. Il a interrogé intensivement Elisabeth Burnod, et a accepté qu'elle poursuive ses activités pour l'I.S. Il l'a amenée à Lille, où il l'a présentée à son nouveau chef, "Alfred Lambert" fin janvier, prétendument un Agent de l'I.S. de la petite ville irlandaise d'Oran.

Au début du mois d'avril 1944 le parrain de Myriam, la fille de Kaiser née en 1937, a été arrêté à Paris et lors d'un interrogatoire a trahi les activités de Kaiser à *Libération-Nord*. Kaiser a échappé de justesse à l'arrestation et s'est enfui à Lille. Un tribunal spécial allemand l'a condamné à mort. A Lille, il a rencontré, à plusieurs reprises, sa femme accompagnée de "Lambert", lequel lui a proposé de travailler pour l'I.S., mais Kaiser a refusé. A la place, fin avril, il a accepté l'offre de coopération de "Morel" dit Alfred Martin, Chef du Réseau de Résistance *Brutus* dans la zone Nord, "Morel" lui ayant été présenté par Priou. Sous le nom de code de "Louis Eugène Matthieu", il a d'abord été placé sous l'autorité d'un "Valery Sittenfalken", Chef de la Région 14 à Lyon, apparemment un juif qui a été arrêté après plusieurs rencontres. La veuve de "Sittenfalken" s'est présentée à la Direction Centrale du Réseau *Brutus* à Paris dans le but de reprocher à Kaiser sa responsabilité dans l'arrestation de son mari, Kaiser n'étant peut-être pas étranger à l'arrestation. Néanmoins, il devient Responsable au sein du Réseau *Brutus* de la région lyonnaise et l'adjudant-chef d'Eugène Thomas, le Chef du Réseau de Résistance.

Immédiatement après la Libération de la France de l'occupation allemande, Kaiser a voyagé de Lyon à Paris où il a rencontré sa femme, qui lui a dit que "Lambert" n'avait pas travaillé pour les Services Secrets britanniques, mais qu'il avait été à la tête du contre-espionnage allemand pour une grande partie du Nord de la France, ce qu'elle n'a découvert qu'après d'intensives recherches depuis le mois de juillet. Afin d'éviter que "Lambert" la poursuive, elle s'est enfuie de Lille le 24 juillet et s'est cachée chez des amis à Paris. Elisabeth Burnod a quitté Paris en octobre et s'est rendue à Lausanne chez sa belle-mère.

Sur l'activité de Kaiser dans la Résistance un Chevalier de la Légion d'Honneur, Jean Valjean, décoré de la Croix du Mérite de Guerre avec Etoile et Palme ainsi que de la Médaille de la Résistance avec Rosette, a écrit le 23 février 1945 depuis le 9ème arrondissement sous le titre "Libération-Nord, Permanence Nationale":

"Je propose pour l'ordre de la Libération. Edmond Kaiser, alias Jean Rameau, qui, indépendamment de ses tâches Libé-Nord a, depuis 1941, servi dans le S.R. dont il dirige actuellement encore la région lyonnaise. Kaiser est certainement l'une des plus belles figures de la Résistance. Il a dirigé des nombreuses opérations de sabotages contre l'ennemi, communiqué au réseau " Brutus" dont j'avais la charge les plus précieux et finalement échappé de fort peu à la Gestapo qui est venue le chercher à son domicile. Son signalement avait été communiqué à tous les postes de police – français et allemands – de la Zone Nord et il fut condamné à mort par contumace par un Tribunal allemand."

En ce qui concerne la description des activités de Kaiser dans la Résistance et selon son propre point de vue ultérieur, tel qu'il peut être révélé dans les médias, jusqu'à une époque récente comme les interviews, les films et les biographies, aucun détail des activités de son épouse avec "Lambert" dans le Nord de la France n'est mentionné.

2. L'inévitable tragédie: Burnod et Kaiser en prison

Le 1er juin 1947 *la Brigade de Surveillance du Territoire* (BST) a placé le couple Kaiser en résidence surveillée à Constance pour haute trahison. Le lendemain ils ont été emmenés à Lille via Baden-Baden et amenés à la prison de Loos, où ils ont été en isolement cellulaire et où ils ont dû subir un mois d'interrogatoires individuels et de contre-interrogatoires. Ce n'est qu'alors qu'ils ont été autorisés à quitter la prison sans aucune raison apparente. Ce n'est que deux ans plus tard qu'ils ont été informés que leur libération avait été faite suite à un *"non-lieu",* donc sans aucune décision sur leur culpabilité ou leur innocence. En 1952, une Commission chargée de confirmer un grade dans les FFI (Forces Françaises de l'Intérieur) a constaté, d'une manière succincte, que le service de Kaiser dans les FFI n'était pas vérifiable (*Services dans les* FFI non établis).

Que s'est-il passé ? Les déclarations de Kaiser et de sa femme n'étaient-elles qu'un tissu de mensonges ? L'emprisonnement était-il exactement ce que Kaiser a pensé par la suite, c'est-à-dire, une méprise, une saloperie pour laquelle l'Etat Français devrait en fait, s'excuser auprès de lui ?

> Au nom de mes camarades du Réseau "BRUTUS -BOYER Région Lyonnaise , j'ai l'honneur de vous faire savoir que le Sieur KAISER Edmond (Pseudo OLIVIER) à été FIN. 1944 , Responsable Régional de notre Réseau,
> Que ces agissements étant paru suspects, une enquête a été ouverte dès 1945 et "Qu'il n'a pas été liquidé par nos services ". Cette enquête menée par les Services de la Sécurité du Territoire a révélé :
> Que le SIEUR KAISER était un AGENT du S.R. ALLEMAND .
> Etant en fuite actuellement, il est activement recherché par ce service.

Le 27 avril 1947, Maurice Souillot, Président Régional du Réseau *Brutus* à Lyon, a écrit une lettre au bureau parisien chargé de réguler les finances des anciens membres de la Résistance: il avait lu qu'une somme d'argent devait être versée à Edmond Kaiser, mais que son lieu de résidence n'était pas connu. Souillot, membre actif du Réseau *Brutus* depuis juillet 1941 et promu *Chef de Secteur* de Lyon, a exigé que cette somme d'épargne ne soit pas versée, bien que Kaiser ait été *"Responsable Régional de notre Réseau"* à la fin de l'année 1944. Son activité sur le Réseau semblait suspecte, et une enquête sous la direction des *Services de la Sécurité du Territoire (S.S.T.)* avait déjà commencé en 1945. Il a été établi que Kaiser, actuellement en fuite et recherché par la S.S.T, était un Agent du Service de Renseignement allemand.

A Paris la réaction a été immédiate: le colonel Josset, Délégué Général du F.F.C.I, a fait bloquer la somme d'épargne de Kaiser et ordonné une enquête sur les activités de Kaiser dans la Résistance et si le cas de Kaiser devait être examiné par la *Commission Nationale d'Homologation FFC* pour décision: (Commission Nationale pour la Confirmation Officielle de la Coopération dans la Résistance). Cette information a été communiquée à Souillot le 5 mai.

Un jour plus tard, le 6 mai, Topp a quitté Cologne, où une délégation française lui avait rendu visite peu de temps auparavant afin de le persuader de témoigner dans l'affaire Kaiser à Baden-Baden. Topp, qui s'était à peine remis de sa longue incarcération dans un camp de détention britannique après deux mois et étant en instance de divorce, devait être pleinement conscient du grand danger qu'il courrait en quittant la zone britannique, qui était sûre pour lui.

Le fait que Topp soit néanmoins allé à Baden-Baden dans la zone française, où -selon les déclarations ultérieures de Kaiser- il a été interrogé avec beaucoup d'acuité et de brutalité par la B.S.T. montre qu'il devait avoir un motif très fort, certainement pas seulement par amitié ou aversion envers Kaiser, mais aussi, selon sa personnalité, pratiquement aucun sentiment de vengeance envers Elisabeth Burnod, laquelle l'avait démasqué lors de l'été 1944. Apparemment, c'était simplement son amour pour Flore Rouxel, qui avait dû se séparer de lui deux ans plus tôt, alors qu'elle était enceinte. Après son divorce, Topp voulait commencer une nouvelle vie avec Flore et son enfant à Lille ou à Cologne et devait être fermement convaincu d'avoir seulement servi militairement en France sans avoir commis de crimes de guerre. On ignore si, à cette époque, il avait déjà connaissance du Mandat d'Arrêt français lancé contre lui en octobre 1946 pour "Atteinte à la Sécurité de la France".

Le 22 mai, Topp a quitté Baden-Baden et s'est rendu à Lille en passant par Paris, accompagné de membres de la B.S.T, où il est arrivé un jour plus tard et où il a témoigné longuement devant le Juge d'Instruction de l'affaire Kaiser, le 24 mai, ainsi que les jours suivants pour ses activités dans la Feldkommandantur de 1940 à 1943, son séjour au Cateau et sa fonction à l'Ast d'Arras.

Le 1er juin Kaiser et son épouse ont été placés en résidence surveillée à Constance, où il était Juge d'Instruction pour crimes de guerre depuis 1945 et jouissait d'une bonne réputation au sein de la population locale en raison de sa volonté de faire des dons en tant que "Hauptmann Grießbrei" (capitaine de la bouillie de semoule). Un jour plus tard, le couple a été emmené à Lille et amené à la prison de Loos, où ils ont été en détention individuelle et ont attendu en vain une audition pendant une semaine.

Ce n'est qu'après l'arrivée de Topp à la prison de Loos en raison de l'ancien Mandat d'Arrêt d'octobre 1946, et à partir du 10 juin, que les interrogatoires individuels et les contre-interrogatoires des prisonniers Kaiser, Burnod, Topp, Streif, Gorman et Boussac ont eu lieu. Gorman avait déjà contacté son père en mars 1947 pour lui demander de rechercher Topp, car il pouvait prouver son innocence, à savoir son ignorance de la véritable identité de son amant Streif. Le père de Gorman a ensuite demandé de l'aide au Consul britannique à Lille, Willough, qui s'est tourné vers son ami Wakefield au War Office de Londres (Bureau de Guerre). Là, des recherches intensives ont été menées pendant des mois et ce n'est qu'en juin qu'il a été rapporté à Lille que l'identité du Dirigeant d'Agent recherché, Fred Topp, avait été établie sur la base de la déclaration de Streif en décembre 1945.

L'entrée de la prison de Loos avant la démolition en 2013.

Les interrogatoires intensifs de la seconde moitié du mois de juin 1947 n'ont pas abouti à un résultat probant pour les Magistrats Instructeurs, dans l'affaire Kaiser-Burnod. Topp avait initialement déclaré le 24 mai qu'Elisabeth Burnod était sa petite amie depuis février 1944 et qu'elle avait été sa plus importante collaboratrice, qu'elle connaissait son identité depuis avril 1944 au plus tard et qu'elle recevait également 10.000 Frs par mois de sa part. Dans son rapport de janvier 1946 (pour les Juges d'Instruction de Lille dans l'affaire Gorman) sur le travail avec Topp alias Lambert, Elisabeth Burnod avait nié avoir connu la véritable identité de Topp avant juillet 1947 et ne mentionnait aucune relation personnelle plus étroite ni aucun versement d'argent.

En 1979, dans son livre *La marche aux enfants*, Kaiser se penche en détail sur son arrestation et de son séjour en prison. Lors de deux contre-interrogatoires les 23 et 24 juillet, il avait persuadé Topp de corriger sa déclaration à la BST de Baden-Baden où il avait été suggéré à Topp d'accabler Elisabeth Burnod. Topp a dû se rendre compte qu'Elisabeth Burnod ne savait pas qu'il avait été un Agent allemand jusqu'en juillet 44. De plus Topp a appris d'Elisabeth Burnod, que son mari était juif et qu'il ne portait pas l'étoile en public; elle n'en aurait jamais parlé à un Agent allemand qui aurait dû arrêter Kaiser immédiatement. Ici Kaiser s'est trompé, car en 1944, non seulement le demi-juif Pohl appartenait aux agents du Nest de Lille sous la direction de Karl Hegener, mais aussi un Oblt. (lieutenant) *Kaiser alias Kayserüde-juif* de la section IIIF de l'Abwehrleitstelle France à Paris sous Oscar Reile. Contrairement à ce que prétendait Kaiser en 1979, l'Abwehr en France n'était, en aucun cas, constitué uniquement d'antisémites.

En 1979, Kaiser n'a pas commenté la déclaration de Topp selon laquelle il avait payé Elisabeth Burnod. En général, il n'attribuait qu'un rôle subalterne à Topp et blâmait plutôt un certain "Saphir", ancien policier et commissaire de la B.S.T à Lyon en 1947, d'être "derrière tout cela"; "Saphir", lui, avait déjà été suspect à Lyon, alors qu'il était encore actif en tant qu'Agent du Réseau *Brutus*. Topp était seulement un disque, qui reproduisait les mots de "Saphir" et de la BST: *Topp est un disque que font chanter Saphir et B.S.T. Voila! Et ouf!*

Dans l'ensemble, Kaiser a présenté en 1979 son emprisonnement et celui de sa femme comme un épisode déclenché par des accusations totalement injustifiées de Topp et de "Saphir", pour lesquelles l'Etat français devait s'excuser. En effet, Kaiser et Burnod étaient bien conscients que leur propre échec de septembre 1943 à juin 1944 leur faisait porter un lourd fardeau de culpabilité. Par Streif et Topp, indirectement par l'intermédiaire de Christine Gorman et d'Elisabeth Burnod, l'Abwehr avait à tout moment connaissance de plusieurs Réseaux de Résistance, qui pouvaient être influencés dans le sens de l'occupation allemande et pouvaient également être dénichés de manière ciblée. Si Kaiser n'a pu "échapper de justesse" à l'accès de la SIPO à Paris au début de mars 1944 alors que plusieurs membres de *Libération-Nord* étaient arrêtés, ce n'était qu'un jeu de l'Abwehr avec un informateur important, lequel était alors très utile à Lille et à Lyon.
Le couple Kaiser-Burnod est peut-être naïvement tombé dans le panneau du Nest de Lille et de l'Ast d'Arras, mais cela ne change rien à l'essentiel du problème: ils ont tous deux été "de facto" collaborateurs de l'occupation allemande pendant des mois. Sans prendre de précautions, ils ont trahi par négligence grave, leurs camarades de la Résistance et des pilotes anglais abattus.

Elisabeth Burnod avait également contribué à la préparation du déploiement des armes V dans le Nord de la France par son travail pour le compte de Topp. Dans son roman *Le Miracle des Violettes*, publié dès 1946, elle a essayé d'assimiler la période avec Topp. Ce qui frappe dans ce prosaïque retour sur le passé, c'est la profonde admiration pour le protagoniste masculin, l'écrivain Stephan, qui a incontestablement les traits de Topp. Selon le récit du roman, ce Stephan avait déjà eu beaucoup de succès avec son livre *Une profession un peu de foi*, allusion évidente aux activités aux Services Secrets de Topp. Comme dans le rapport d'Elisabeth Burnod de janvier 1946 sur "Lambert et sa bande" *Le Miracle des violettes* révèle également clairement le second aspect essentiel de l'affaire Kaiser : outre la naïveté de Kaiser et de Burnod, à la limite de la stupidité, c'est aussi l'extraordinaire capacité des agents de l'Abwehr. Boussac, Streif, Michels et Topp savaient à feindre et à jouer leur rôle d'Agent de l'I.S. comme des acteurs sur scène jusqu'à la fin de la représentation.

A la fin de 1951, le bureau du FFI à Lyon, chargé de la liquidation, a tenté à nouveau de contacter Kaiser, en lui demandant de fournir des certificats de ses anciens Chefs de la Résistance dans un délai de trois mois. Cette lettre à l'ancienne adresse de Kaiser à Paris a été retournée comme non distribuable et le *liquidateur de l'organe F.F.I.* a conclu qu'un certificat d'affiliation ne serait pas délivré.

Cela a clos le dossier de Kaiser en France et personne - ni Kaiser lui-même ni les Autorités françaises - n'avait plus intérêt à clarifier la position réelle de Kaiser dans la Résistance. Ce que Kaiser a écrit en 1979 n'était alors qu'une tentative ratée de se dégager de l'essentiel du problème, à savoir de *"la collaboration de fait"* - certainement pas voulue - avec l'occupation allemande.

```
                              ETAT-MAJOR - 8° REGION
                              ORGANE LIQUIDATEUR F.F.C.I.

                   FICHE D'ETUDE

DOSSIER F.F.I. (homol. grade et CA.FFI) :  KAISER Edmond

              - Renseignements insuffisants ;
              - Lettre demeurée sans réponse ;
              - Adresse inconnue ;
              - Services F.F.I. non démontrés.



DECISION -

              Certificat d'appartenance aux F.F.I. : Refusé.


                              LYON, le
```

3. Chronologie Elisabeth Burnod / Edmond Kaiser de 1943 à 1952

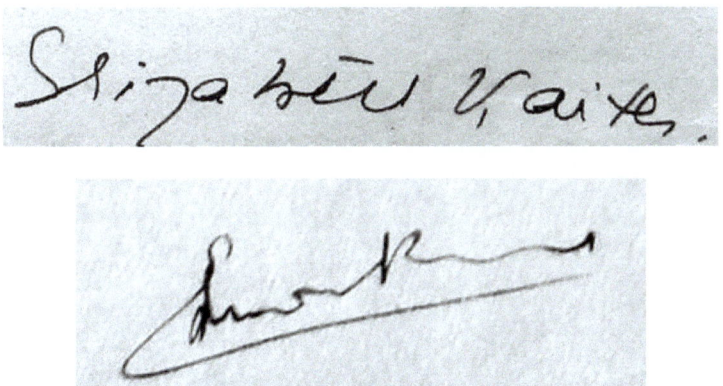

Sauf indication contraire les informations suivantes sont basées sur le dossier Edmond Kaiser, SHD Vincennes, 16 P 315897. Autres sources: <B> Déposition d'Elisabeth Burnod, Lausanne 1945; <G> Déposition Christiane Gorman, Lille 1945; <S> Déposition Erwin Streif. Lille 1945. <T> Déposition Friedrich Topp, Lille 1947, et les références littéraires en annexe.

1943

…   Burnod publie les nouvelles "Le Pont du Nord" à Bruxelles et écrit à Paris "Florentine" (publiée en 1949).

début août   Gorman rencontre, dans le train Lyon-Paris, Kaiser qui revient d'une visite à sa fille en Suisse.<G>

mi-août   A Lille un "EMILE LEGRAND" apparaît chez Gorman dans l'appartement de sa mère et lui suggère de travailler dans la Résistance pour la somme mensuelle de 5.000 Frs plus les indemnités, ce que Gorman accepte.<G>

fin août   Gorman fait le voyage de Lille à Paris, où elle séjourne chez Kaiser 13, rue des Chaufournières (19ème arrondissement) pendant environ trois semaines. <G>

septembre   Streif alias STAEL, avec LE TOUQUET chez Kaiser à Paris pour rencontrer Gorman sur instruction d'HEGENER. Gorman désigne Kaiser à Streif, comme "ami".<S>

18 sept.   EMILE, qui rencontre Gorman le 12 septembre chez Kaiser, présente Gorman à STAEL, dans une boite de nuit des Champs-Elysées. Gorman, passe la nuit avec Streif à l'Hôtel de Liège.<G>

19 sept.   Streif avec Gorman et EMILE de Paris à St. Omer, où Gorman doit recueillir des informations sur les armes secrètes.<G>

octobre	Kaiser devient membre du réseau de la résistance *Libération*, chef responsable au XIX Arrondissement à Paris et reçoit le nom de code Jean RAMEAU. Au sein de la FFC (Forces Françaises des Combattants), il fait partie du service de renseignement BCRA (anciennement 2ème bureau).
27 novembre	*changement de nom du BCRA en DGSS (Direction Générale des Services Spéciaux).*

1944

début janv.	*Streif, qui accompagne Gorman à Paris, rencontre Kaiser, qui le met en relation avec Pierre DUPONT, chef de Libération-Nord, et RAMBEAU, "chef-radio de Libération"; voyage de retour Streif et Gorman à Lille.* <S,G>
16 janvier	*nouveau voyage de Streif avec Gorman (maintenant avec MASSON) à Paris chez Kaiser, 15 rue Manin; sur le chemin du retour à Lille de Streif, la femme de Kaiser, Elisabeth, l'accompagne, Streif l'associer à Topp.*<S,G,T>
17 janvier	Burnod, alias Evelyne BOURGOIS quitte Paris avec Streif. <B>
29 janvier	Premier contact de Burnod avec Topp, alias ALFRED LAMBERT; elle accepte de jouer un couple avec lui et se voit attribuer le pseudonyme de DIANA.
6 février	Premier rapport de Burnod à Topp.<B,T>
fin février	Grâce à Topp, Burnod fait la connaissance de Jean BERTOCCI alias Pierre BLANCHARD à la Taverne Parisienne (158, rue de Paris à Lille).<B>
février/juillet	Kaiser rencontre Topp deux fois à Paris.<T>
10 mars	Kaiser devient membre du Réseau de Résistance *Brutus* (également Brutus-Boyer, BB) chef de la région 14 et adjudant-chef des chefs dans la zone sud, "P.2 Grade en 1"; alias OLIVIER.
7 avril	Dénonciation de Kaiser en tant que juif à la "Gestapo" <communication verbale de Myriam Belakovski née Kaiser, Prilly 2014 >
7 avril	Fin de l'adhésion de Kaiser à *Libération*.
10 avril	Commencement de ses activités au Service de Renseignements de la FFC (BCRA/DGSS/DGER), numéro d'identification: RF195.
10 avril - 10 mai	Kaiser à Lille, où il habite avec sa femme. <T:> Lors d'une rencontre avec Topp à la Taverne Parisienne, il explique qu'il souhaite contacter un membre du Réseau du Nord.
avril	Burnod savait- selon Topp en 1947 - maintenant sans aucun doute, qu'il était allemand et travaillait pour l'Abwehr. Il soupçonne - selon Topp en 1947, que Streif l'a trahi et dénoncé à Burnod.<T>
à partir du 10 mai	Kaiser à Lyon.
28 mai	Kaiser quitte Lille (dont la "destination est inconnue" de Burnod). <B>

1er juin	Les différents groupes de Résistance seront fusionnés dans les FFI (Forces Françaises de l'Intérieur).
début juillet	Burnod, selon ses propres déclarations, arrive à la conclusion que LAMBERT (Topp) est un agent allemand.<B>
juin/juillet	Kaiser de nouveau à Lille, où il habite avec sa femme à Tourcoing. Il retrouve Topp pour la deuxième fois à la Taverne Parisienne et explique à voix haute qu'il est poursuivi par la police allemande; deux jours après il quitte Lille et ne revoit plus Topp. <T>
24-26 juillet	Fuite de Burnod avec BERTOCCI de Lille à Paris, où elle habite d'abord chez George RAYMOND; lorsque LAMBERT (Topp) a découvert son adresse, elle avait déménagé chez une amie de Raymond, Mademoiselle Suzy ESPIE, 245 rue du Mont Cenis; elle y vit toujours début octobre. <B>
9 août	Date de délivrance d'une Carte d'Identité pour Kaiser en tant que "MATTHIEU, Louis, Eugène" né en 1910- <Gallez, page 66>
septembre	*les FFI (Forces Françaises de l'Intérieur) sont intégrées dans l'armée régulière française.*
30 sept.	Fin de l'adhésion à *Brutus-Boyer.*
début oct.	Kaiser revient de Lyon à Paris.
26 octobre	*Changement de nom des services secrets militaire GDSS en DGE.*
26 octobre	Burnod passe la frontière suisse et s'installe à Lausanne chez sa fille Myriam, dans la maison de sa belle-mère et de son oncle. <B>

1945

...	Burnod publie dans la revue littéraire la "Suisse contemporaine".
28 janvier	Kaiser est volontaire "au 27e R.I." en tant que Lieutenant
31 janvier	Fin des activités de Kaiser à DGER (Direction Générale des Etudes et Recherches) au sein de FFC (Forces Françaises des Combattants).
23 février	"Jean Valjean", membre de *Libération-Nord* propose Kaiser pour l'Ordre de la Libération". <Kaiser, La marche, p. 93>
9 mars	Commandant de C.R.I.R.O.F.F.I. au Commandant de la subdivision de Vosges: Kaiser est mis à la disposition de la DGER à sa propre demande < SHD Vincennes, 16 P 315897 >.
20 mars	Réunion de la Commission de Réforme d'Epinal: Kaiser devient "Classé R.I".
28 avril	"Il part pour l'Allemagne, affecté officiellement en tant que Juge d'Instruction des crimes de guerre".<Kaiser, La grâce, p. 129>
30 avril	Kaiser rédige à Paris, 15, rue Manin, un rapport sur "l'affaire LAMBERT". <ADN Gorman> archives départementales du Nord.
28 décembre	*changement de nom de la DGER en SDECE.*

1946

31 janvier Lettre de Burnod de Lausanne, 10 chemin de Languedoc, à la cour de Justice de Lille en référence à son rapport du 8 janvier <ADN Gorman>

… Burnod publie le roman "Le Miracle des Violettes" chez Jeheber (Genève/Paris) dans lequel elle assimile sa collaboration avec Topp.

1947

26 mars Libération de Topp du Centre de Détention britannique Recklinghausen-Hillerheide.

24 avril L'avocat Bornheim (ancien agent de l'Abwehr en Italie et codétenu de Topp à Recklinghausen), qui représente Topp dans sa procédure de divorce écrit à Topp: *"Cher To [...] comme vous pouvez transmettre, Pater Filucius ne se soumet pas. Je dois moi-même, à titre d'avertissement rester complètement en dehors de tout cela".*

27 avril Souillot (Président Général du Réseau *Brutus-Boyer* (BB) à Lyon) à la délégation Générale du FDFCI (Services Financiers, Paris). Il avait lu dans le journal *l'Agent de Liaison* du 20 avril à la page 2 dans l'article *La liquidation,* que la somme économisée de Kaiser ne pouvait pas être versée parce qu'on ne savait pas où il se trouvait. Au nom de ses camarades du réseau BB région lyonnaise, il informe que Kaiser alias OLIVIER était fin 1944 *"Responsable Régional de notre réseau".* Mais ses machinations semblaient suspectes et une enquête avait déjà commencé en 1945 "Il n'a pas été liquidé par nos services." L'enquête menée sous la Direction des Services de la Sécurité du Territoire a révélé que Kaiser était un agent du SR allemand (Service de Renseignement). Kaiser est actuellement en fuite et est recherché par la SST. Souillot demande que le paiement de la somme économisée soit différé et que le lieu de refuge de Kaiser lui soit communiqué dans les plus brefs délais.

Début mai [Topp:] *"Au début de mai [1947] la mission française de Hilden m'a confié de témoigner à Baden-Baden au sujet d'une "affaire Kaiser Edmond".*

5 mai Colonel JOSSET, délégué Général du FFCI à N.: (notice de service) la somme économisée de Kaiser ne sera pas versée tant qu'un nouvel ordre n'aura pas été émis. Si Kaiser est en contact avec le destinataire, la nouvelle adresse sera demandée.

5 mai JOSSET à SOUILLOT: La somme économisée de Kaiser ne sera pas encore payée. Il a ordonné une enquête pour déterminer les conditions dans lesquelles l'Agent (Kaiser) a été présenté à l'Homologation de la "Commission Nationale d'Homologation FFC".

6 mai Topp quitte Cologne.

Notice d'acte probablement à la mi-mai 1947 pour savoir si Kaiser était membre du Service de Renseignements allemand (SR service de renseignements)
<SHD Vincennes, Kaiser>

7 mai	JOSSET à ACHIARY, Paris (avec une copie au président du Comm. Nat. D'Hom. F.F.C): il joint une lettre concernant Kaiser en tant qu'Agent P2 au Réseau *Brutus* et demande que toutes les informations le concernant et notamment les conditions dans lesquelles Kaiser [... voir au-dessus].
24 mai	*Déposition de Topp à Lille concernant Kaiser/Burnod.*
1er juin	Arrestation du couple Kaiser-Burnod à Constance sous l'accusation de trahison. <Kaiser, La grâce, p. 129>
10 juin	*Topp a été arrêté sur la base d'un mandat de 1946 pour son action au Cateau (automne 1943) et conduit à la prison de Loos.*
1er juillet	Libération du couple Kaiser-Burnod de la prison de Loos. <Kaiser, La Marche, p. 141>
8 novembre	Délégation Générale FFCI (Paris) à ACHIARY: en référence à la lettre du 7 mai des informations sont de nouveau sollicitées.

1948
... Séparation de Burnod et Kaiser (divorce officiel seulement en 1952). <Gallaz, p. 144>.

1949
... Le retour définitif de Burnod de France en Suisse à Lausanne, où elle habite chez une famille Kalteneich en tant qu'employée de bureau. Publication de son roman "Florentine".

1950
août/sept. Transmission d'un dossier (voir au-dessus fiche 2)
19 sept. De Paris; DEVINCK, Général du Corps d'armée, Commandant de la 1. Région Militaire, au général N, Commandant de la 8. Région Militaire, Etat-Major, Section FFCI, Lyon: transmission du dossier de 8 pièces numérotées relatives aux activités de Kaiser en France.
fin Déménagement de Burnod de Lausanne à Pully

1951
... Kaiser publie "Mémoires d'une poupée", dédié à sa femme.
15 novembre Colonel BEGUE à Kaiser, 15, rue Manin, Paris 19° Arrondissement: dans les trois mois, il doit fournir des documents, notamment la confirmation d'un ancien Chef de la Résistance. La lettre revient non distribuable ("parti sans laisser d'adresse").
12 décembre Colonel BEGUE, commandant de la Subdivison de Lyon à la Direction Régionale Paris avec la demande de notification du recrutement de Kaiser (réponse à la lettre le 10 janvier 1952).

1952
8 janvier Divorce.
18 février Demande d'acte de naissance par le Chef de la Subdivison de Lyon (délivré à Paris le 3 mars).
20 février Appréciation de la Commission Départementale RHONE ("Dossier OAFFI établi par le bureau F.F.I. de la Subdivision de Lyon, en fonction de dossier d'Homologation de grade FFI de l'intéressé"): "Certificat d'appartenance (supprimé: Homologie du grade FFI)" Pseudonyme: MATTHIEU Louis, 10/43 jusqu'au 7/4/44 Libération (Paris) 10/3/44 jusqu'au 3/9/44 *Brutus*; Chef de la Région 14 pour le Réseau *Brutus*, Chef adjoint au Chef de Réseau pour la zone sud. Avis de la Commission Rhône : "Services dans les FFI non établis"; trois signatures des membres de la commission.
25 mars Burnod retrouve la citoyenneté suisse dans le canton de Vaud.

Sans date	Appréciation de la Commission Régionale PARIS: ne s'est pas présenté devant la commission départementale. Renseignements insuffisants pour être homologués FFI (3 signatures).
Sans date	Fiche de renseignement du Gouvernement Militaire de Paris (sans signature); mention rouge: "dossier incomplet et non examiné par la Commission Départementale" (grade lieutenant FFI; nom dans les FFI: MATHIEU Louis; profession: écrivain (lettres) 15, rue Manin, Paris XIX: appartient à la réserve: service militaire: 1939/40 "CEOR Vincennes 1/1/40 au 1/5/40 508. CDAC.8.DI" Distinctions: Croix de guerre avec étoile en bronze et étoile en argent (2.7.40). Dans la F.F.I: 1) Libération Chef responsable XIX arrondissement octobre 43 au 7.4.44 (Jean RAMEAU). 2) F.F.C. Chef de la région XIV pour le Réseau *Brutus*, Chef adjoint au Chef de Réseau pour la zone Sud *Brutus* Pseudo OLIVIER - chargé de mission de Lere.
Sans date	Deux fiches: (1) 13.6.71[?] grade CM1, réseau *Brutus*; domicilié: 28, rue Malesherbes, Paris (supprimé puis ajouté: 15 [...?] te DERRIEN à Lausanne) verso [date? août?], No 69610; PI [...?] 1.4.44, 30.9.44 (2) adresse: 15 rue Manin, Paris 19. "Grade d'origine, armée A, rang R"; caché: "ne peut être homologué/A eu son CA refusé par la 8ème R.M. chat [?] No 8."

Remarques:
(1) Kaiser était-il un agent de l'Abwehr-Leitstelle France ?
(a) la liste "postes ABWEHR dans les pays occupés" créée par la DGRA en 28.11.1945 (SHD Vincennes, GR 28/P7/ 180. pages 23-24), désigne un lieutenant-Kaiser (alias Kayserüde-juif) "comme un membre de la section III/F (infiltration dans les services ennemis)" au sein de la division III sous le Lieutenant-colonel REILE de l'Abwehr-Leitstelle France. Puisque Reile était à la tête de la section III entre mars 1943 et février 1944 /curriculum vitae Reile comme Appendix 1 de l'acte partiel de Reile dans TNA, Gorman) (The National Archives), les informations sur Kaiser alias Kayserüde semblent se rapporter à cette période.

> Major   ISCHE (alias MALLY - FREDDIE)
> Oblt.   KAISER (alias Kayscrüde -juif).
>   KLEIBER Driver

b) Reile mentionne lui-même dans le rapport d'interrogation du C.S.D.I.C. du 29.08.1945 (TNA Kew, KV/3016) trois "KAISER" parmi ses agents, dont l'un en tant que Capitaine dans IIIF.

> Gustav KAISER
> 257.   Gustav KAISER was always called "OMET". PJ does not know why, nor can he state whether OMET was Gustav KAISER's cover name or TT name. He is not identical with /pan KAISER of III F, PARIS. There was another /pan KAISER in PARIS with III C. This man was for a time attached to the Funkabwehrdienststelle.
> 258.

c) le 24.07.1947, Souillot annonce qu'une Commission de la SST a établi que Kaiser était un Agent du Service de Renseignement allemand (voir au-dessus).

(2) Edmond Kaiser ne doit pas être confondu avec Charles Louis MATTHIEU (né Molenbek St. Jean 1891) alias CARLOS, qui en 1940/41 était étroitement associé à un capitaine KLEINSCHMIDT alias KAISER ou GEORGE, membre de la section IIIF de l'Ast Belgique (déclaration de Willy Plate; CEGESO Brüssel, 1312/116/III 3. Pla).

Epilogue

"Une fois les Services Secrets, toujours les Services Secrets." C'est un vieux dicton, et c'était le cas des Officiers et des Sergents de l'Abwehr dans le Nord de la France. Après la fin de la guerre, ils ont presque tous disparu dans les camps d'internement des puissances occidentales victorieuses, hermétiquement isolés du monde extérieur pendant près de deux ans, isolés comme de dangereux virus. Mais ensuite, à partir de 1947, ils étaient prêts à aider à la mise en place et au fonctionnement de l'anticommuniste "Organisation Gehlen" et son successeur BND : Hegener, Mayer et Kanehl de Nest Lille, Heidschuch, Maetschke et Topp de l'Ast d'Arras, mais aussi Rohleder de l'Abwehr Central à Berlin ainsi que Reile et Giskens du Poste directeur de l'Abwehr à Paris. Personne ne les a accusé en Allemagne, car quelle faute avaient-ils commise ? Peut-être recueillir des informations ?
Même en France, où, dans l'après-guerre, une distinction stricte était faite entre l'Abwehr et le SD, la seule appartenance à l'Abwehr n'était pas suffisante pour un acte d'accusation. Le Juge au Tribunal de Lille, responsable de l'enquête dans l'affaire Topp, en 1947, a seulement déclaré : *"Topp ait agi en violation des lois et coutumes de la guerre.[...] Topp n'a participé ou même assisté à aucune opération de ce genre. [...] En conclusion, il ne m'apparait pas que la culpabilité de Topp, en fonction du chef d'inculpation retenu contre lui soit établie"* (voir document en-dessous). Une évaluation similaire a été faite en 1970 par l'Officier de la Résistance Gilbert Renault, appelé Colonel Remy, dans sa préface à *"L'Abwehr"*, la traduction française du *Geheime Westfront* (Front Secret Occidental) d'Oscar Reile: *"Me fondant sur ceux de mes camarades qui tombèrent aux mains de l'Abwehr, j'ai eu plusieurs fois l'occasion de déclarer publiquement que les Officiers, dont s'était entouré l'amiral Canaris, surent personnellement respecter à leur égard les lois de la guerre, lois impitoyables, certes, mais qui eussent été observées de la même manière, dans les mêmes circonstances, par des officiers français."*
Le besoin urgent de connaissances et d'expérience de l'Abwehr contre l'URSS pendant la guerre froide était aussi évident que l'utilisation du butin de guerre, de la fusée V2, pour les USA. Il était facile de passer sous silence l'enthousiasme de Wernher von Braun pour le développement des fusées à Peenemünde, ainsi que son appartenance à la NSDAP et à la Waffen-SS. Lors du premier alunissage von Braun a été célébré comme un héros américain.

Les collaborateurs d'autre part, les aides et les complices, sans lesquels l'Abwehr aurait été impuissante, n'ont trouvé aucune pitié en Belgique et dans le Nord de la France. Accusés "d'atteinte à la sûreté de l'Etat", ils ont été condamnés à de longues peines de prison, voire, dans certains cas, à la peine de mort. Ils n'espionnaient pas "pour leur pays", mais pour les forces d'occupation en échange d'une rémunération. Ainsi en 1944 Christine Gorman avait reçu, mensuellement 4.000 Fr, Yvette Gantiez 8.000 Fr., Elisabeth Burnod même 10.000 Fr. Il s'agissait de grosses sommes d'argent à une époque où la population n'obtenait que les produits de première nécessité avec des bons alimentaires. Au marché noir un simple savon coûtait 40 Fr. et plus, alors que le salaire minimum d'un travailleur était inférieur à 1 Fr. de l'heure. Les gens mouraient de faim, Bedet, Pollet et les autres collaborateurs vivaient bien, voire très bien. Même le couple Nissen qui n'était actif que comme chauffeur et concierge à Lille et qui recevait un total de 5.500 Fr. par mois de Topp en 1944, bénéficiait de la proximité des forces d'occupation allemandes; après la guerre les enquêteurs ont trouvé dans leur appartement près d'Anvers, outre des bijoux, des textiles de valeur, 497 florins, 20.700 Francs belges et 1292 marks et plus de 100.000 Francs, prétendument gagnés sur le marché noir, alors qu'avant la guerre, Armand Nissen ne pouvait guère couvrir les besoins de sa famille par ses petits boulots. Dans le cas Burnod, également, on sait qu'elle et son mari connaissaient, avant la guerre, une pauvreté amère dans la sphère littéraire parisienne et qu'ils devaient souvent compter sur la soupe chaude de leurs voisins.

Moralement, les jugements, le plus souvent très sévères à l'encontre des collaborateurs, semblaient être justifiés. Cependant, si l'on examine de plus près les motifs d'action des femmes concernées, cela et l'évaluation morale apparaissent sous un tout autre jour. Suzanne Durou et Flore Rouxel étaient tout simplement de très jeunes femmes amoureuses, qui ont été profondément impressionnées par la bonne éducation, la courtoisie, l'intelligence et les grandes connaissances de leurs amants Mayer et Topp. Elles se sont installées dans les appartements de leurs amis allemands et les ont suivis en Allemagne. Elles ont peut-être bénéficié d'avantages matériels, grâce à leurs contacts étroits avec les forces d'occupation allemandes, et ont peut-être obtenu des choses utiles pour leurs amis et voisins mais ce n'était certainement pas leur motivation.
Avec Christine Gorman et Elisabeth Burnod l'amour peut avoir joué un rôle plus ou moins important, mais ici la bonne rémunération et la possibilité d'une vie libre au-delà des contraintes de la petite bourgeoisie peuvent avoir été beaucoup plus importante. On peut croire qu'elles travaillaient pour les "faux" Services Secrets, et cela peut les exonérer moralement. Mais en fait, elles ont été toutes les deux des collaboratrices à succès. Gorman a eu la malchance d'être condamnée aux travaux forcés à perpétuité pendant l'Epuration illégale, tandis que Burnod a pu quitter la prison en 1947 après quatre semaines de détention, sans décision, pour la même collaboration de fait. Gorman n'a été graciée que beaucoup plus tard.
 Et que penser du cas d'Yvette Gantiez, épouse Moine, l'amante de Bedet, qui a manifestement été impliquée dans de nombreuses actions contre la Résistance et qui a reçu un total de 40.000 Fr. en seulement cinq mois pour la seule année 1944 ? Dans le dossier du procès, il y a une photo de son mari portant un petit enfant. Elle a déclaré, pendant son interrogatoire, qu'elle avait envoyé 25.000 Fr. de ses revenus à sa famille pour s'occuper de son enfant malade et subvenir à ses vieux parents. Si c'est vraiment ce qui s'est passé, qui veut lui jeter la première pierre ?

Annexe

1. L'*Amt Ausland/Abwehr* à l'*OKW* de Berlin

En 1935 le contre-amiral **Wilhelm Canaris** (1887-1945) a pris en charge la Division de l'*Abwehr* au sein du *Reichswehrministerium* (Ministère de la Reichswehr) à Berlin, à partir duquel l'*Amt Ausland/Abwehr* a été créé en 1939 en tant que *OKW* (Bureau du Haut Commandement de la Wehrmacht). Après la tentative d'assassinat contre Hitler en juillet 1944, l'*Amt Ausland/Abwehr* a été dissout et ses Divisions ont été intégrées au *Reichssicherheitshauptamt* (RSHA, Direction de la Sécurité du Reich) sous la direction du SS. **Georg Alexander Hansen** (1904-1944), qui avait été désigné par Canaris comme son successeur en février 1944, a été exécuté comme résistant le 8 septembre 1944 à Berlin-Plätzensee, tout comme Canaris et son Chef de Division Hans Oster, le 9 avril 1945 au camp de concentration (KZ) de Flossenbürg.

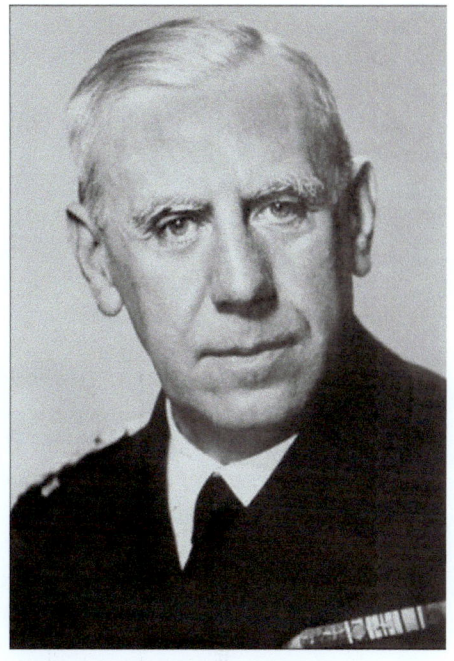

En plus du *Amtsgruppe Ausland* (Sous-Direction à l'étranger), l'*Amt Ausland/Abwehr* a été divisé en quatre divisions ayant des tâches différentes:

- Division Centrale des Finances, des Affaires Juridiques et de la Direction de matricule sous le commandement de Hans Oster, d'avril 1943 à juin 1944 sous le commandement de N. Jacobsen.
- Division I, nommée *Geheimer Meldedienst* (Service de Renseignement) pour l'espionnage actif sous le commandement de Hans Piekenbrock, du mi 1943 à février 1944 sous le commandement de Georg Alexander Hansen.
- Division II pour le sabotage actif et les opérations spéciales sous le commandement d'Erwin Lahousen Edler von Vivremont, d'août 1943 à juillet 1944 sous le commandement de Wessel Freytag von Loringhofen.
- Divisions III pour la prévention de l'espionnage et du sabotage émanant de l'étranger, c'est-à-dire le contre-espionnage sous le commandement de Franz Eccard von Bentivegni.

Depuis sa nomination comme Chef de l'*Abwehr* Wilhelm Canaris, promu Amiral en 1940, était en concurrence constante avec le *Sicherheitsdienst des Reichsführers SS* (SD, Service de Sécurité) dans le *Reichssicherheitshauptamt* (RSHA), sous le commandement de **Reinhard Heydrich** (1904-1942, photo à droite). Par ordre d'Hitler en date du 12 février 1944, Hansen, en tant que nouveau Chef de l'*Abwehr*, a d'abord dû accepter la scission de l'*Amtsgruppe Ausland* et après de longues négociations entre l'OKW et le RSHA à la fin de mai 1944 il a dû également accepter l'incorporation de son bureau avec les Divisions I et II ainsi que des parties de la Division III comme "Militärisches Amt" (Sous-Direction de l'Abwehr) dans le RSHA; à l'*OKW*, seule la soi-disant *Frontaufklärung* (Reconnaissance du Front) est restée. Cette restructuration n'avait plus d'importance significative pour les activités de l'*Abwehr* dans le Nord de la France en raison du débarquement et de l'avance des Alliés pendant l'été 1944.

Les Divisions de l'*Amt Ausland/Abwehr* ont été respectivement reparties en Groupes responsables de tâches spécifiques, comme par exemple la division III dans les groupes:
- III W contre-espionnage dans le secteur militaire au sein de la Wehrmacht avec les sous-groupes III H (Armée de Terre), III M (Marine) et III L (Armée de l'Air).
- III C contre-espionnage dans le secteur civil avec les sous-groupes CI (Administration), C2 (autres Secteurs sans économie) et III Wi (Economie).
- III D contre-espionnage trompant les Services de Renseignement ennemis.
- III F autres contre-espionnages.

La tâche de ces Groupes était de collecter et d'analyser toutes les informations concernant leur domaine de compétence afin de pouvoir préparer des rapports bien fondés sur les activités ennemies pour l'*OKW*. A cette fin, les Chefs de Groupe ont utilisé les rapports envoyés par les services établis dans le pays et à l'étranger. Avant le début de la guerre ces services comprenaient les *Abwehrstellen (*Ast, Antennes du Service de Renseignements*) der Wehrkreiskommandos* (Commandements du District Militaire), qui étaient dirigés par un officier de l'Etat-Major Général, "le Ic/AO". Certaines de ces *Abwehrstellen*, dont les activités étaient limitées exclusivement au territoire de leur commandement du District Militaire, ont établi des *Abwehr-Nebenstellen (Ast, Nest)* près de la frontière avant le début de la guerre, se spécialisant dans certaines activités. Ces *Nebenstellen* étaient constituées de Sections Individuelles dont les Chefs étaient, selon le statut, légalement subordonnés au Chef de la *Nebenstelle*, toutefois, techniquement, ils étaient sous le contrôle de l'*Amt Ausland/Abwehr* à Berlin.

Après la "campagne d'Ouest" du *Wehrmacht*, plusieurs *Abwehrstellen* ont été mises en place en France ainsi qu'une *Abwehrleitstelle* à l'hôtel Lutetia à Paris (Alst France), et une Abwehrstelle à Bruxelles (Ast Belgique) avec plusieurs *Abwehr-Nebenstellen*, dont une à Lille pour les départements du Nord et du Pas-de-Calais. Le Chef de l'Ast Belgique, de mai 1941 jusqu'à mai1944 sans interruption, était le Colonel **Carl Servaes** (1883 - 1960) un ami d'enfance de l'Amiral Canaris de Duisburg-Ruhrort. Servaes a été officier dans la cavalerie prussienne de 1901 à 1920. Après diverses activités dans le Service Diplomatique, dans une banque et comme libraire il a rejoint l'*Amt Ausland/Abwehr* en 1934 et a été Chef de Nest Cologne de 1935 à 1940. En février 1940 il a pris la direction de l'Ast de Stuttgart, cinq mois plus tard celle de l'Ast de Dijon. A Bruxelles il menait une vie mondaine et n'est guère apparu autrement.

2. Opposition à Hitler à Nest Lille ?

Il est connu des officiers de l'Abwehr à Lille que, parmi eux, les deux "anciens combattants du mouvement" Hegener et von Heydebrand, plusieurs années avant le début de la guerre, avaient déjà été considérablement en conflit avec leur parti. Hegener et Heydebrand, deux juristes hautement qualifiés, issus de bonnes familles, et ayant des relations de première qualité au sein de leur classe sociale, ont suivi l'idée, sous l'influence de Gregor Strasser, d'un nouvel Etat sous l'idée principale d'une *Volksgemeinschaft* (Communauté Nationale). Cependant tous deux ont été très déçus, immédiatement après la prise du pouvoir, lorsqu'ils ont réalisé que des personnes incompétentes avaient été placées dans des positions élevées, alors que les services qu'ils avaient fourni pour le Parti, n'avaient, en aucune façon, été pris en compte mais que cela avait seulement empêché leurs ennemis internes dans le Parti, de les éliminer complètement socialement. Ces circonstances, à elles seules, ne permettent pas de conclure qu'Hegener et von Heydebrand aient été favorables à l'opposition contre Hitler.
Seul le cas d'Alamichel, très controversé dans le domaine de la littérature de la Résistance, pose la question de savoir si Hegener a agi volontairement en 1943 et, sans le consentement de l'*Amt Ausland/Abwehr*, afin de préparer une paix séparée du Reich allemand avec De Gaulle. Déjà, en 1984, Philippe Aziz a traité cette affaire de manière très critique, après des études de bases approfondies, études que Patrick Oddone a de nouveau examinées en 2003, d'un point de vue historique régional.

Le cas Alamichel

Fernand Alamichel (1897-1967) était déjà un officier de l'Armée de l'Air très estimé en France pendant la Première Guerre Mondiale, et avait également participé à des batailles aériennes en 1940. Après l'occupation de la France par la Wehrmacht, il a d'abord rejoint le réseau de Résistance OCM, mais l'a quittée à nouveau car, selon lui, il était trop dépendant des Services Secrets britanniques. Il a créé son propre réseau *Alliance* à Paris et dans le Nord de la France, mais il a été arrêté à Paris en novembre 1942 et emmené à la prison de Loos près de Lille. Outre le collaborateur Pierre Bedet (voir chapitre III.1) travaillant pour le *Nest* de Lille, le Belge Cornelis Verloop alias Léopard, agent de haut niveau d'Hegener, et qui avait reçu la plus haute décoration pour étrangers, la Grande Croix de l'Ordre des Aigles allemands, avait également été impliqué dans son arrestation. A Lille, Alamichel a été interrogé intensivement par la *Geheime Feldpolizei* (GFP) sans que l'inspecteur Hartwig, le responsable, n'utilise la moindre violence. Alamichel a communiqué au GFP une série de noms issus de l'*Alliance*, ce dont il a été accusé par la suite comme une trahison à la cause de la Résistance. En janvier 1943, des négociations ont commencé entre lui et Hegener, et Hegener obtint sa libération afin qu'Alamichel puisse se rendre à Londres pour rencontrer De Gaulle. Toutefois, des conditions avaient été convenues, notamment la libération de plusieurs membres de la Résistance qui étaient détenus par la GFP. Sous le nom de code "Titus", Alamichel a été engagé comme *"V-Mann de l'Abwehr"* (homme de confiance) avec un salaire mensuel de 500 Mark, a reçu de faux papiers et a pu vivre plusieurs mois avec sa petite amie en public et aussi en contact avec des membres de la Résistance à Paris. Fin juin 1943, il s'est rendu à Bayonne, où il a remis une lettre, qu'il avait écrite, à une chaîne de coursiers qui a apporté cette lettre à Londres via l'Espagne et le Portugal, où elle a été remise aux Services Secrets du Gouvernement français en exil (BCRA). Alamichel lui-même aurait poursuivi son voyage de Bayonne vers l'Afrique du Nord. Après la guerre Alamichel a été promu Général, mais suspecté de haute trahison en mars 1947, il a été arrêté et seulement libéré de sa détention fin novembre 1949 avec un *non-lieu*.

L'Inspecteur Hartwig de la GFP avait fait remarquer à Hegener en décembre 1942 qu'Alamichel avait une personnalité extraordinaire, qui méritait de parler à un membre de l'Abwehr instruit et compétent. Alamichel voyait dans le bolchevisme un grand danger pour l'Europe. Hegener qui avait démontré son excellente connaissance du français lors de discussions avec Alamichel avait pu se convaincre pour la première fois des déclarations de Hartwig le 18 janvier 1943. Après la guerre, Hegener a rapporté en détail ses conversations avec Alamichel lors d'un interrogatoire mené par la BST (Brigade de la Surveillance (ou Sécurité) du Territoire) dans le camp d'internement américain de Ausburg-Göggingen, lesquelles se caractérisaient par la politesse, le respect mutuel et une attitude sociopolitique commune, à savoir strictement anticommuniste.

De Gaulle à Londres en 1942

"Il [Alamichel] m'avait déclaré connaître personnellement De Gaulle et cela m'avait donné l'aider de rechercher quelles étaient les relations entre De Gaulle et Giraud. Il avait donc été précisé au colonel que le but des renseignements demandés était: exploiter tout différend possible entre De Gaulle et Giraud, identifier les réseaux que possédait chacun d'eux, de manière à pouvoir connaître ceux qui existaient dans mon secteur: reprendre contact avec Faye pour pénétrer le réseau qui celui-ci [...] était en train de réorganiser dans le sud de la France."

Alamichel a ensuite ajouté, à la déclaration d'Hegener, devant la DST (Direction de la Surveillance du Territoire): *"L'Allemagne va perdre la guerre. Elle a été amenée à ce triste résultat par Hitler. [...] Moi, j'ai tout perdu au régime. J'étais l'un des notables les plus en vue de ma ville natale; mes enfants ont été éloignés systématiquement de tout établissement scolaire sérieux [...]. Je ne peux pas croire que l'Angleterre ne craint pas la Russie et le communisme. De Gaulle, issu de souche noble, officier français, ne peut être un véritable allié des communistes. Vous avez sûrement la possibilité d'entrer en contact avec lui et avec les gens que vous connaissez. Vous pourriez ainsi savoir à quelles conditions réelles les Allemands pourraient obtenir un accord les sauvegardent de l'emprise russe et du communisme. Si vous acceptez, je ferai toit ce que pourrai pour vos amis et vous aiderai à vous évader."*

Hegener a soumis ses plans élaborés avec Alamichel à son supérieur à Bruxelles, le Chef de l'Ast Belgique, le colonel Carl Servaes, qui a donné son approbation de base. Cependant, Servaes a exigé, avant de libérer Alamichel, de vérifier s'il avait vraiment de bonnes relations avec De Gaulle. Alamichel a écrit une lettre à De Gaulle pour lui proposer la création d'une radio secrète de propagande anticommuniste dans le Nord de la France, au service de la Résistance. De Gaulle devait confirmer la réception de cette lettre au moyen d'un code envoyé par la BBC. Sans attendre l'accord du Quartier Général de l'Abwehr à Berlin, la lettre d'Alamichel, datée du 22 janvier (!) 1943, a été remise par Hegener à des coursiers qui l'ont emmené via l'Espagne à Lisbonne et de là en Angleterre. Bien que la BBC n'ait envoyé le code établi que sous une forme légèrement modifiée, Hegener a fait libérer Alamichel et sa petite amie ainsi que plusieurs amis d'Alamichel qui étaient également emprisonnés, ce qui aurait valu à Hegener une sévère réprimande de Berlin.

Lorsque, après son arrestation 1947, Alamichel a été confronté, lors d'un interrogatoire avec le Résistant Robert Bernadac - chef de *l'Alliance* de la radio du réseau Alamichel - il aurait réalisé qu'il avait eu une part de responsabilité dans la condamnation à mort ou à la déportation de nombreux membres de *l'Alliance* et se serait effondré; il a alors exigé qu'on lui remette un révolver afin de se suicider.

3. Les *Abwehrtrupps* (Troupes de Défense) et la *Frontaufklärung* (Reconnaissance du Front, février 1944 - avril 1945)

La réorganisation de l'Abwehr au début de 1944

De manière tout à fait surprenante pour la partie allemande, les raids aériens massifs des Alliés contre les positions et les bunkers des VI commencèrent le 21 décembre 1943. Les destructions étaient si importantes et la connaissance qu'avaient les Alliés de la position des structures attaquées si évidentes, qu'il semblait nécessaire de reprendre les travaux avec des changements substantiels. Suite aux conférences organisées à Paris les 28 décembre et 2 janvier avec des représentants de l'industrie et des militaires, un programme en quatre points a été adopté, qui outre la priorité donnée au VI sur le V2, la construction de positions de VI mieux camouflées et l'utilisation exclusive de travailleurs allemands, prévoyait également une augmentation du contre-espionnage afin de pouvoir dénicher rapidement les réseaux d'espionnage hostiles.

Pour cette raison une conférence secrète d'officiers supérieurs de l'espionnage de France, de Belgique et des Pays-Bas s'est tenue à Arras le 3 janvier 1944 sous la direction du Lieutenant-Colonel Heidschuch, au cours de laquelle un changement fondamental de l'organisation de l'*Abwehr* dans les territoires occupés d'Europe occidentale a été décidé. Immédiatement après, tous les officiers, les sous-officiers, les soldats, les *Sonderführer* (dirigeants spéciaux) et l'équipe du service IIIF qui étaient en mesure de servir sur le Terrain ont été rassemblés dans des unités militaires, les *Abwehrkommandos* (Commandements de Défense) étant divisés en *Abwehrtrupps* (Troupes de Défense), "afin d'être mieux équipés pour répondre aux exigences accrues en créant des unités militaires mobiles." Depuis le début du mois de février 1944, les unités de contre-espionnage allemand en France étaient subordonnées à la *Leitstelle III West*, basé à Paris, sous le Commandement du Lieutenant-Colonel Oscar Reile.

En plus de l'Etat-Major, une *Abwehrtrupp* se composait de nombreux *Meldeköpfe* (*M.K.*, Antennes), qui avaient été repris des services précédents ou nouvellement constitués. La formation et l'application de ces *M.K.* pouvant être modifiées très rapidement en fonction des besoins, notamment après le débarquement des Alliés en Normandie. Outre cette réorganisation de l'*Abwehr*, un ordre d'Hitler a été publié le 12 février 1944, selon lequel "un Service de Renseignement Secret allemand unifié" devait être créé, et dont la direction serait confiée au *Reichsführer SS*. "Dans la mesure où les Services de Renseignement Militaire et de l'Abwehr sont concernés, le *Reichsführer SS* et le Chef de l'*OKW* prendront les mesures nécessaires d'un commun accord".

Ce n'est qu'après trois mois que l'*OKW* et le *RSHA* ont conclu l'accord susmentionné, selon lequel les sections I et II du précédent *Amt Abwehr*, ont été incorporées au *RSHA* en tant que *Militärisches Amt* (Bureau Militaire) mais le contre-espionnage est resté avec l'*OKW*. Comme le montre le décret de l'*OKW*, à partir du 1er juin 1944, les *Leitstelle III West* à Paris était administrativement sous le contrôle de l'*Abteilung I Frontaufklärung* (*Section I de la Reconnaissance du Front*) sous le commandement du Colonel Rudolf. Son supérieur, le *Chef Ic Wehrmacht*, l'Officier d'Etat-Major Général, Süsskind-Schwendi, était affecté à l'*OKW* par la *Wehrmachtsführungsstab* (*WFS,* Etat-Major de la Conduite des Opérations) mais il était soumis au droit d'instruction technique du *RSHA*. En outre, le *Leitstelle III West* à Paris devait envoyer une copie de tous les rapports sortants au *RSHA*. Toutefois, cette dépendance formellement établie du *Leitstelle III West* à l'égard du *RSHA* dirigé par le SS n'avait aucun intérêt pratique pour le travail de contre-espionnage à l'été 1944. Selon Reile, il n'a jamais reçu la visite du Chef de la section VI, le Colonel Rohleder, responsable au sein du *RSHA*, ni aucune instruction de sa part.

Reconnaissance du Front pour la protection des armes V dans le Nord de la France (juin - août 1944)

En outre, à compter du 1er juin 1944, c'est-à-dire avant le débarquement des Alliés en Normandie, les unités de contre-espionnage ont été rebaptisées en *Meldeleitkommando III West für Frankreich* (Commandement Central de l'Unité d'Information), *Meldekommando* (Commandement d'Information) et *Meldetrupp* (Détachement d'Information) respectivement. En partie, cependant, les anciens noms ont été conservés et peu après, on parlait généralement d'Unités de Reconnaissance du Front, c'est à dire de *Leitstelle III West für Frontaufklärung* (Poste Central III Ouest pour Reconnaissance du Front*)*, *Frontaufklärungskommando* (*FAK*, Commandement de Reconnaissance) et *Frontaufklärungstrupp (FAT,* Troupe de Reconnaissance*)*. Une position spéciale était occupée par Ast d'Arras et les *Selbständigen Frontaufklärungskommandos* (Commandements Indépendants de Reconnaissance). Ces derniers n'étaient pas sous le contrôle d'un *Leitstelle*, mais sous l'autorité directe de l'*Abteilung Frontaufklärung* (Section de Reconnaissance de Front) de la Ic *Wehrmacht* à l'*OKW*. Les effets de cette restructuration sur le contre-espionnage dans le Nord de la France ne peuvent être que partiellement reconstitués, puisque, ainsi que le montrent les dossiers, la structure organisationnelle et le personnel des unités d'espionnage sous le *Leitstelle III West* ont été adaptés selon la situation militaire. Il est certain, que les quatre Commandements de Reconnaissance FAK 306, 307, 313 et 314 appartenaient au *Leitstelle III West*. Selon Reile, les Commandements de Reconnaissance étaient chacun affectés à un Groupe de l'Armée. Le Commandement de Recherche 307, responsable du Nord de la France, de la Belgique et des Pays-Bas sous la direction du Lieutenant-Colonel Giske, était en charge d'au moins les quatre FAT 362-365 et, à partir de juillet 1944 au plus tard, également le FAT 356 basée à St. Lo.

La dissolution de la Section III de l'Abwehr-Nebenstelle de Lille

A partir du 1er février 1944, tout l'Etat-Major de la section IIIF de Lille avec Hegener, Mayer, Kanehl et Streif a été officiellement révoqué de l'Ast Belgique et transféré à une *Abwehrtrupp 350*, dont Hegener devait apparemment prendre le commandement en tant que Capitaine. En fait il était déjà actif dans l'Ast d'Arras depuis décembre 1943 et, comme il l'a déclaré plus tard, il avait demandé un transfert à l'armée afin d'éviter d'être placé sous le RSHA dirigé par le SS. Puisqu'aucune *"Aufklärungstrupp 350"* n'est plus citée par la suite par Reile, on peut supposer qu'elle n'a jamais été réellement formée.
• Le Sergent-chef Egon Mayer, qui avait déjà été envoyé par Hegener à Caen en 1943 pour y créer son propre bureau municipal *"pour y prendre la direction d'un Service III F "*, est resté à Lille en février et mars 1944 avec le groupe d'informateurs "Organisation Pi" qu'il continuait de diriger et qui appartenait probablement à la FAT 363 sous le commandement du Capitaine Bialkowsky. Au début du mois de mai, il s'est rendu à Caen, au début de juin à Paris. (voir chapitre III.1).
• Le Sergent Joseph Kanehl a apparemment aussi été placé sous le commandement du Capitaine Bialkowsky.
• Le Sergent-chef Erwin Streif, comme on peut le prouver, a appartenu jusqu'en septembre 1944 à la FAT 363, qui était sous le commandement du Capitaine Bialkowsky.

- Les Sergents **Günter Holler** (photo à droite) et Dr. Otto Niehoff ont d'abord été affectés à la FAT 363 à partir de février 1944, mais peu après à la FAT 362 sous les ordres du Commandant Möhring, basée à "Bruxelles et à Lille". Après le départ de Mayer à Caen ils ont repris ses fonctions à Lille au début du mois de mai; Holler a continué à entretenir, entre autres, le contact avec le reste de "l'Organisation Pi" dirigée par le collaborateur Robert Ferran. Même après le retrait de la *Wehrmacht* de France, Holler a donné à plusieurs reprises des instructions à Ferran, qui vivait à Erfurt en Allemagne, pour qu'il désigne des personnes susceptibles de faire de l'espionnage en France - c'est-à-dire derrière les lignes. On ignore si Ferran a également effectué du contre-espionnage dans la zone autour des sites de production de V2 à Mittelbau-Dora au nord d'Erfurt, près de Sömmerda.

Reconnaissance du Front pour la protection des armes V sur le territoire du Reich (septembre 1944 - avril 1945)

Comme le montrent les informations relatives à période allant de septembre 1944 à avril 1945, la fuite de l'Abwehr du Nord de la France vers l'Allemagne à la fin de l'été 1944 avait déjà entraîné une relation pratique étroite, bien que non formelle, entre l'Ast d'Arras et la FAT 350. Après leur retraite de Lille via Anvers et Arnheim dans le Bergisches Land à l'est de Cologne, une vingtaine de personnes s'y sont rencontrées à la mi-septembre dans la petite ville de Wiescheid, dont certaines faisaient partie de l'Ast d'Arras et d'autres d'une FAT (apparemment la FAT 350) dont le Commandant Schwebbach (avec quatre collaborateurs), le Capitaine Bialkowsky, le Sergent-chef Mayer (avec sa fiancée), le couple Nissen-Schroers, Streif et Topp (avec sa petite amie françaises et trois collaborateurs), les Sergents Kanehl et Schmitz (responsables du matériel roulant) et Todt (avec un agent français) ainsi que les trois Caporaux Toeller (avec sa petite amie française), Romberg et Paul.

Alors que Schwebbach, Streif, Topp et Toeller appartenaient à l'Ast d'Arras, Mayer et Kanehl à une FAT, l'affectation des autres personnes n'est pas claire; le Capitaine Bialkowsky était encore en juillet 1944 le dirigeant de la FAT 363 à St. Lo. Selon Streif, deux mois plus tard à Wiescheid, il n'y avait plus rien à faire et Heidschuch avait dit qu'ils seraient bientôt reformés en une Troupe de Reconnaissance, mais cela n'a pas eu lieu. Dans le cadre de la restructuration des positions VI, une réorganisation du personnel de l'Abwehr et des FAT à Wiescheid a été également décidée à la fin du mois d'octobre:

- Les officiers dirigeants étaient stationnés près du Centre de Commandement du *Generalkommando XXX A.K. z.b.V.* (Commandement Général pour missions spéciales) responsable de l'opération VI directement à l'Est de Meschede, Schwebbach à Velmede, Bialkowsky à Nuttlar.
- Les sous-officiers et les caporaux ont été affectés à de nouvelles zones où il devaient assurer la protection des positions de VI: Toeller à Much, Romberg à Gummersbach, Mayer à Bergneustadt, Kanehl à Freudenberg, Streif à Eitorf; Topp et Paul se sont rendus à Almelo dans la Zone d'Application Nord des VI.
- Les petites amies françaises et les collaborateurs ont travaillé comme "réserve" ultérieure dans des usines en Rhénanie et en Thuringe, pour surveiller et signaler les irrégularités.

Au début de 1945, il y a eu une nouvelle réorganisation dans laquelle Mayer a repris le poste de Topp à Almelo, tandis que Topp est allé á Ahaus. Kanehl et les autres membres de la FAT se sont d'abord réunis à Nuttlar, où ils ont été placés sous le commandement d'un *Frontaufklärungskommando* (FAK) sous les ordres du Commandant Feldmann stationné à Enschede et divisé en deux groupes; l'un est resté à Nuttlar, l'autre ("les spécialistes") est allé à Enschede.

4. Le point de vue de la Justice française sur l'Affaire Topp en 1947

Deux lettres du Juge d'Instruction du Tribunal Militaire de Lille concernant les activités de Friedrich Topp dans le domaine du contre-espionnage de 1940 à 1945 dans le Nord de la France ont été émises. Elles illustrent très clairement comment la Justice française, du début de l'après-guerre, jugeait les actions des membres de l'Abwehr.
Le 23 juin 1947, le Juge d'Instruction chargé de l'affaire s'est adressé au Tribunal Militaire de Paris pour demander une prise de position (AJM le Blanc, Topp):

> *"En vertu de l'ordre d'information cité en référence j'instruis au titre des crimes de guerre contre un nommé Topp Friedrich, du chef d'atteinte à la sûreté extérieure de l'État. L'inculpé se serait rendu coupable d'avoir, en octobre 1943, étant au service de l'Abwehr de Lille, emmener la découverte d'une filière d'hébergement et d'évasion d'aviateurs anglais et canadiens, en se faisant passer lui-même pour un parachutiste allié en détresse.*
> *De l'ensemble des témoignages recueillis, confirmés, quant à la matérialité des faits, par les déclarations de l'inculpé, les points suivants paraissent être établis avec certitude :*
> *I. Topp Friedrich est de nationalité allemande, et à l'époque des faits révélé il était interprète à la Kreiskommandantur de Cambrai, après avoir servi en la même qualité à la Feldkommandantur 678 de Lille. Il s'agit donc en l'espèce d'un fonctionnaire allemand en service sur un territoire occupé par l'armée allemande, et en tout cas durant les hostilités.*
> *II. L'inculpé a, en cette circonstance été mis au service de l'Abwehr de Lille, qui désirait utiliser sa parfaite connaissance de la langue anglaise pour découvrir, par un subterfuge, les personnes qui, dans le Cambrésis, donnaient l'hospitalité aux aviateurs alliés et leur fournissaient par la suite les moyens de regagner l'Angleterre. À la suite de cette affaire, et à partir de janvier 1944, Topp fut affecté en permanence au service de l'Abwehr d'Arras, spécialisé dans la protection des installations de lancement de V1.*
> *III. En l'état actuel de l'information, et il apparait que Topp s'est borné à son rôle d'agent de renseignements et qu'il n'aurait nullement pris une part active à la phase répressive de l'affaire (arrestations et interrogatoires confiés à la Gestapo, puis condamnations prononcées par un tribunal militaire allemand dans des formes selon toute apparence régulières).*
> *À la lumière de cette triple constatation, il semble que l'on puisse voir sous un jour nouveau le cas de Topp, actuellement détenu à la maison d'arrêt de Loos. Il appert en effet, à son sens :*
> *I. Que, eu égard à la nationalité allemande de l'inculpé, fonctionnaire en service sur un territoire occupé par l'armée allemande, il ne s'aurait être poursuivi qu'au titre*

> *d'ordonnance du 28 août 1944 sur la répression des crimes de guerre pour tous les actes, accomplis par lui, et constituant une infraction commise en violation des lois et coutumes de la guerre. Par suite le chef d'atteinte à la sûreté extérieure d'État ne me paraît devoir être maintenu, pour toutes les raisons évoquées ci-dessus.*
> *II. Que, à supposer ce premier point résolu, se pose la question de savoir si Topp Friedrich peut être retenu comme criminel de guerre à raison de son activité en tant que membre de l'Abwehr, en [...] toute infraction de droit comme engageant sa responsabilité personnelle.*
> *En effet, s'il est incontestable qu'il existe un lien de cause à effet entre la découverte (due à Topp) de la filière, et la remise à la Gestapo puis la condamnation des français, il n'en est pas moins vrai que l'ensemble de l'opération se divise en trois phases distinctes mettant en jeu des services ou organismes aux attributions propres et entièrement différentes entre elles (Abwehr, Gestapo, Tribunal). Or Topp n'a opéré qu'en tant qu'agent de renseignement et non comme agent de répression.*
> *Dans l'hypothèse où les agissements de Topp pourraient, dans cette affaire, constituer un crime de guerre, c'est-à-dire essentiellement une infraction commise en violation des lois et coutumes de la guerre, je vous demanderais de vouloir bien me faire connaître quel chef d'inculpation lui est applicable, et si l'on peut admettre, d'une façon générale, que la seule appartenance à l'Abwehr doit être poursuivi, par analogie, selon les principes dégagés au procès de Nuremberg pour les membres de la Gestapo."*

Ce n'est qu'après avoir entendu de nombreux témoins des événements du Cateau à l'automne 1943 que le juge d'instruction a établi une nouvelle expertise, qu'il a soumise au tribunal militaire de Paris le 14 octobre 1947:

> *"Le 23 juin 1947, je vous exposais le cas particulier du nommé Topp Friedrich, sujet allemand, initialement inculpé d'atteinte à la Sûreté extérieure de l'État, pour avoir, en 1943, étant fonctionnaire allemand en France occupée, et membre, d'abord occasionnel puis permanent de l'Abwehr, accompli dans le Cambrésis une mission de renseignements qui aboutit à la découverte d'une filière d'évasion clandestine d'aviateurs ou parachutistes alliées en détresse.*
> *Le 4 juillet 1944, sous le no 19.183-DJM/2 CDG, vous me faisiez connaître qu'en raison même de la nationalité et de la qualité de fonctionnaire allemand de l'inculpé, ainsi que de la nature des faits relevés contre lui, il n'y avait pas lieu de retenir à son égard le chef d'inculpation initial.*
> *Sur mon référé du 11 juillet 1944, M. le Général Commandant de 2ème Région délivrait un nouvel ordre d'informer du chef de complicité d'arrestations illégales, en conformité avec vos instructions.*
> *À l'heure actuelle, l'information contre Topp Friedrich paraît être close.*

Des diverses auditions de témoins, confirmant d'ailleurs en tous points les déclarations de l'inculpé qui au cours de son interrogatoire n'a pas fait mystère de son activité d'agent de l'Abwehr, il est possible, à mon sens de tirer les conclusions suivantes :

*1° Il est établi que Topp n'a pas eu, pendant tout le temps qu'à duré sa mission dans l'affaire du Cambrésis, d'autre activité réelle **que de se " renseigner " et de " renseigner " des chefs hiérarchiques.***

*2° Il n'apparaît nullement par ailleurs que, tant dans l'exécution de sa mission propre que lors des arrestations des personnes découvertes, **Topp ait agi en violation des lois et coutumes de la guerre.** Un doute avait pu subsister quant à la participation éventuelle de Topp aux perquisitions domiciliaires opérées par la Gestapo et au cours desquelles certains objets personnels ainsi que des espèces furent saisis et emportés par les enquêteurs. Les derniers résultats de l'enquête semblent établir sans aucun doute possible que **Topp n'a participé ou même assisté à aucune opération de ce genre**. Dans le cas des arrestations faites chez Thuru (cotes 31 et 58) Topp s'est borné à indiquer aux policiers l'immeuble ou habitaient les personnes à arrêter. Il s'est d'ailleurs manifestement abstenu de participer ou d'aider aux arrestations elles-mêmes.*

3° Il n'est pas établi que l'exploitation des renseignements fournie par Topp ait revêtu un caractère marqué d'illégalité et que Topp se soit, notamment, rendu complice de séquestrations. En effet, la Gestapo de Lille, représentée par l'inspecteur Kols (abattu depuis par la Résistance) a procédé à une série d'arrestations qui visaient exclusivement les personnes ayant appartenu à la filière découverte par Topp. Il n'y a donc pas eu, à proprement parler, de rafles ni de détention arbitraire d'otages.

De plus, les personnes coupables aux yeux des allemands, furent régulièrement déférées, le 12 mai 1944, selon les propres déclarations des survivants, devant le Tribunal de l'Air allemand siégeant à Lille.

*En conclusion, **il ne m'apparait pas que la culpabilité de Topp**, en fonction du chef d'inculpation retenu contre lui **soit établie**.*

*J'ai donc l'honneur, en vous transmettant en communication le dossier de l'affaire, de vous demander votre agrément pour la clôture de cette information par un **non lieu général**:*

1° en faveur de Topp compte tenu des considérations ci-dessus exposées.

2° en faveur de son co-inculpé Kasic - sujet tchécoslovaque - les faits relevés contre lui ayant déjà été évoqués devant la Cour de Justice de Douai, qui, le 26 avril 1945, le condamna à la peine de mort (peine commuée le 16 mai 1945 en celle des travaux forcés à perpétuité)."

Abréviations

ADN	Archives Départementales du Nord
AJM	Dépôt central d'Archives de la Justice Militaire
AOK	Armeeoberkommando
Ast	Abwehrstelle
BCRA	Bureau central de renseignements et d'action (juillet 1940 - juin 1943)
BRAL	Bureau de renseignements et d'action de Londres (juin - novembre 1943)
BST	Brigade de la Surveillance (ou: Sécurité) du Territoire
CEGESO	Centre d'études guerre et société, Brüssel
CIC	Counter Intelligence Corps
CPG	Collège des Procureurs Généraux
DGSS	Direction générale des Services Spéciaux (nov. 1943 - oct. 1944)
DGER	Direction générale des Études et Recherches (oct. 1944 - déc.1945)
DST	Direction de la Surveillance du Territoire (nov. 1944 - 2008)
EK	Eisernes Kreuz
FFC	Forces Françaises des Combattants
FFI	Forces Françaises de l'Intérieur
FK	Feldkommandantur
GenLtn.	Generalleutnant
GK	Generalkommando
GFP	Geheime Feldpolizei
Hptm.	Hauptmann
Kdo.	Kommando
KK	Kreiskommandantur
Ic [1c]	Officier de l'État-Major responsable pour l'Abwehr
I.S.	Intelligence Service (Service Secrète anglais)
Ltn.	Leutnant
MBB	Militärbefehlshaber Belgien und Nordfrankreich
MBF	Militärbefehlshaber Frankreich
Nest	Abwehr-Nebenstelle
NÖ	Niederösterreich
Obstltn.	Oberstleutnant
OCM	Organisation Civile et Militaire
Offz.	Offizier
OFK	Oberfeldkommandantur
Ogf.	Obergefreiter
OKH	Oberkommando des Heeres
OKW	Oberkommando der Wehrmacht
OT	Organisation Todt
POW	Prisoner of War

RAF	Royal Air Force
RSHA	Reichssicherheitshauptamt
SD	Sicherheitsdienst (du NSDAP et la SS)
Sf	Sonderführer
SFDECE	Service de Détection de l'Espionnage et de Contre-Espionnage
SHD	Service de la Défence
Sipo	Sicherheitspolizei
SOE	Special Operation Executive
SR	Service de Renseignement
SS	Schutzstaffel
ST	Surveillance du Territoire (1934 - nov. 1944)
TNA	The National Archives
Uffz.	Unteroffizier
z.b.V.	zur besonderen Verfügung
z.V	zur Vergeltung

Pseudonymes (noms d'alias)

Bayard, Madeleine	Gorman, Christine
Blanchard	Bertocchi, Jean
Bourgeois, Evelyne	Kaiser née Burnod, Elisabeth
Charles	Römmele, Erwin
Deconning / De Koninck	Kanehl, Josef
Delattre, Paul	Pohl, Heinz
Deltour, Jean Pierre	Topp, Friedrich
Duquesnoy, Charles	Streif, Erwin
Duquesnoy, Jaqueline	Gorman, Christine
Emile	Boussac, Erneste
Franz	Luig, Dr. Bruno
Fred / Fredo	Topp, Friedrich
Haase, Dr.	Hegener, Dr. Karl
Heide	Heidschuch, Erich
Helder	Holler, Günter
Irving	Streif, Erwin
Jupp	Kanehl, Josef
Kayserüde	Kaiser, N. (Obltn., juif)
Lambert, Alfred	Topp, Friedrich
Lambert, Diana	Kaiser née Burnod, Elisabeth
Lefèvbre, Henriette	Gorman, Christine
Legrand / Le Grand	Boussac, Erneste
Leopard	Verloop, Cornelis
Le Quesnois, Thérèse	Kaiser née Burnod, Elisabeth
Lombrez, Marcel	Streif, Erwin
Lombrez, Michelle	Gorman, Christine
Martin	Mayer, Egon
Masson	Michels, Max
Matthieu, Louis Eugène (R)	Kaiser, Edmond
Merten	Mayer, Egon
Meyer	Mayer, Egon
Olivier (R)	Kaiser, Edmond
Pierrot	Bedet, Pierre
Rameau, Jean (R)	Kaiser, Edmond
Riecher, Willy	Streif, Erwin
Saeter	Schwebbach, Walter
Schaefer	Niehoff, Dr. Otto

Stael, Marcel	Streif, Erwin
Tison (R)	Topp, Friedrich
Wilson	Topp, Friedrich
Youp	Kanehl, Josef
Yves (R?)	Kaiser, Edmond

Les pseudonymes marqués d'un R ont été attribués par la Résistance. Il n'est pas établi si Kaiser n'a été nommé "Yves" que dans le rapport de Topp du 29 mai 1947. Topp, qui s'est fait passer pour "Wilson" à l'automne 1943, a reçu de l'OCM une carte d'identité portant le nom de "Tison".

Sources

Dans ce qui suit, seules les sources les plus importantes sont mentionnées. D'autres sources peuvent être trouvées dans:
Burghardt, Franz Josef: *Spione der Vergeltung. Die deutsche Abwehr in Nordfrankreich und der geheimdienstliche Schutz der Abschussgebiete für V-Waffen im Zweiten Weltkrieg. Eine sozialbiographische Studie.* Schönau 2018.
Burghardt, Franz Josef: *Das Personal der deutschen Gegenspionage in Nordfrankreich 1940/44* (avec un annexe français: *Structure sociale du personnel de l'Abwehr allemand dans le Nord de la France*). http://www.burghardt-koeln.de/franzj/publik/arras.pdf

Chap. I:
Aumann, Philipp - Köhler, Thomas: *Vernichtender Fortschritt. Serienfertigung und Kriegseinsatz der Peenemünder "Vergeltungswaffen".* Berlin 2018.
Desquesnes, Rémy: *Les armes secrètes d'Hitler.* Reims 2012.

Chap. II:
Thierry, Laurent : *La répression allemande dans le Nord de la France 1940-1944.* Villeneuve d'Ascq 2013.
Oddone, Patrick: *Un Drame de la Résistance Dunkerquoise. La démantèlement de la branche Nord du réseau "Alliance".* Wimilie 2003; p. 40-44, 58-60.
Aziz, Philippe: *Le Livre Noir de la Trahison. Histoires de la Gestapo en France.* Paris 1984.

Chap. III:
ADN Lille, 8W/212 (Suzanne Durou).
ADN Lille, 9W/616 (Christiane Gorman).
AJM Le Blanc, Tribunal Militaire Permanent de Lille, non-lieu Nr. 364, en décision de 26 Nov 1947. (Topp)
CPG Bruxelles, KA Antwerpen 3168/45 (Armand Nisse und Anna Schreurs)
TNA Kew, KV2/2850 (Christine Gorman), KV2/2848 (Francis Mumme).

Chap. IV:
Binot, Jean-Marc – Boyer, Bernard : *Nom de code : Brutus. Histoire d'un réseau de la France libre.* Paris 2007.
Burnod, Elisabeth : *Le miracle des violettes*, Genf 1946.
Gallaz, Christophe : *Entretiens avec Edmond Kaiser. Fondateur de Terre des Hommes et Cofondateur de Sentinelles.* Lausanne 1998.

Kaiser, Edmond : *La marche aux enfants*. Lausanne 1979.
Kaiser, Edmond : La Grâce du Monde. Vevey 2015.
AJM Le Blanc, Topp (s. Kap. III.3).
SHD Vincennes, GR/16/P/315897 (Dossier individuel Kaiser).

Annexe
Bonnet, Yves: *Les espions d'Hitler* (Éric Denécé (Hg.): *Collection Espionnage* [5]). [o.O.] 2012.
Höhne, Heinz: *Canaris – Patriot im Zwielicht*. München 1984.
Mader, Julius: *Hitlers Spionagegeneräle sagen aus*. Berlin 1970.

Sources des photos:
Archives publiques:
ADN Lille, 8W/212: Bedet, Durou, Gabriel, Gantiez, Mayer, Pollet; 9W/616: Gorman, Gorman avec Vanlatton; 9W/953: Boussac.
Bundesarchiv, Berlin (ehem. BDC), NSDAP-Mitgliederkartei: Hegener, Heidschuch, Pantell, E. v. Heydebrand.
Bundesarchiv Freiburg (Militärarchiv), PERS 6/11408: Pfannenstiel; PERS 6/65969: Schwebbach; RH24-30/286: Geheime Kommandosache zu Ast Arras.
Belgisches Staatsarchiv, Generalstaatsarchiv, Brüssel, Ausländerakte 619042: Luig.
CPG Brüssel, KA Antwerpen 3168/45: Armand und Annie Nissen, "Arbeitskarte Anny Nissen".
Fotostiftung Schweiz: Burnod (Foto: Henriette Grindat).
SHD Vincennes: Kaiser, Lettre de M. Souillots; Paoli.
TNA Kew, KV2/2848: Mumme; KV2/2850: "Secret War Room".

Archives privées:
Y. Holler, Hambourg: Holler.
G. Niehoff, Mülheim a. d. R.: Niehoff.
V. Römmele, Lauf a. d. P.: Römmele.
F. M. Topp, Cologne: Topp, Bd. de la Liberté.
N. Hobro, Liverpool: Gorman avec Vanlatton.

Les autres photos peuvent être trouver dans les archives des auteurs; © Daniela Topp-Burghardt.

Les auteurs remercient les archives publiques et les propriétaires privés des photos pour l'autorisation de publier les photos.

Table des matières

Préface

I. Le Nord de la France et les armes secrètes allemandes
   1. V1 et V2 dans le Nord de la France 9
   2. Position spéciale des départements du Nord et du Pas-de-Calais 1940-1944 15

II. Le Service Secret allemand pour la Protection de l'Arme V dans la zone d'opération
   1. L'Abwehr-Nebenstelle de Lille (Nest Lille) 19
   2. L'Abwehrstelle d'Arras 28

III. Les Dirigents d'agents allemands
   1. Egon Mayer et l'Organisation Pi 39
   2. Erwin Streif et Christine Gorman 51
   3. Friedrich Topp et son réseau 69

IV. L'amer chemin vers „Terre des Hommes"
   1. Edmond Kaiser dans la Résistance: le narratif 95
   2. L'inévitable tragédie: Burnod et Kaiser en prison 98
   3. Chronologie Elisabeth Burnod / Edmond Kaiser de 1943 à 1952 103

Épilogue 111

Annexe
   1. L'Amt Ausland/Abwehr à l'OKW de Berlin 113
   2. Opposition à Hitler à Nest Lille? 115
   3. Les Abwehrtrupps (Troupes de Défense) et la Frontaufklärung (Reconnaissance du Front, février 1944 - avril 1945) 118
   4. Le point de vue de la Justice française sur l'Affaire Topp en 1947 122

Abréviations 126
Pseudonymes (noms d'alias) 128
Sources 130